Kohlhammer

Die Autorin

Dr. phil. Anita Horn graduierte am C. G. Jung-Institut Küsnacht und arbeitet als Analytische Psychotherapeutin für Kinder, Jugendliche und Erwachsene. Sie promovierte in Politischer Philosophie an der Universität Zürich. In einem Grundlagenforschungsprojekt an der Universität St.Gallen untersucht sie Veränderungen individueller und sozialer Pathologien im Zeitalter der Digitalisierung sowie deren ethische Implikationen.

Anita Horn

Psychotraumatologie

Trauma-Folgestörungen und
ihre Behandlung aus Sicht der
Analytischen Psychologie

Verlag W. Kohlhammer

In der Seele steht alles mit allem im Zusammenhang:
die gegenwärtige Seele ist die Resultante einer Milliarden Konstellationen.
C.G. Jung

Gewidmet: Meiner Familie

Dieses Werk einschließlich aller seiner Teile ist urheberrechtlich geschützt. Jede Verwendung außerhalb der engen Grenzen des Urheberrechts ist ohne Zustimmung des Verlags unzulässig und strafbar. Das gilt insbesondere für Vervielfältigungen, Übersetzungen, Mikroverfilmungen und für die Einspeicherung und Verarbeitung in elektronischen Systemen.

Die Wiedergabe von Warenbezeichnungen, Handelsnamen und sonstigen Kennzeichen in diesem Buch berechtigt nicht zu der Annahme, dass diese von jedermann frei benutzt werden dürfen. Vielmehr kann es sich auch dann um eingetragene Warenzeichen oder sonstige geschützte Kennzeichen handeln, wenn sie nicht eigens als solche gekennzeichnet sind.

Es konnten nicht alle Rechtsinhaber von Abbildungen ermittelt werden. Sollte dem Verlag gegenüber der Nachweis der Rechtsinhaberschaft geführt werden, wird das branchenübliche Honorar nachträglich gezahlt.

Dieses Werk enthält Hinweise/Links zu externen Websites Dritter, auf deren Inhalt der Verlag keinen Einfluss hat und die der Haftung der jeweiligen Seitenanbieter oder betreiber unterliegen. Zum Zeitpunkt der Verlinkung wurden die externen Websites auf mögliche Rechtsverstöße überprüft und dabei keine Rechtsverletzung festgestellt. Ohne konkrete Hinweise auf eine solche Rechtsverletzung ist eine permanente inhaltliche Kontrolle der verlinkten Seiten nicht zumutbar. Sollten jedoch Rechtsverletzungen bekannt werden, werden die betroffenen externen Links soweit möglich unverzüglich entfernt.

1. Auflage 2020

Alle Rechte vorbehalten
© W. Kohlhammer GmbH, Stuttgart
Gesamtherstellung: W. Kohlhammer GmbH, Stuttgart

Print:
ISBN 978-3-17-036608-4

E-Book-Formate:
pdf: ISBN 978-3-17-036609-1
epub: ISBN 978-3-17-036610-7
mobi: ISBN 978-3-17-036611-4

Geleitwort

Dieser Buchreihe gebe ich sehr gerne ein Geleitwort mit auf den Weg. Dies geschieht heute an einer Station in der psychotherapeutischen Landschaft, von der aus man fast verwundert zurück blickt auf die Zeit, in der sich Angehörige verschiedener »Schulen« vehement darüber stritten, wer erfolgreicher ist, wer die besseren Konzepte hat, wer zum Mainstream gehört, wer nicht, und – wer, gerade weil er nicht dazu gehört, deshalb vielleicht sogar ganz besonders bedeutsam ist. Unterdessen wissen wir aufgrund von Studien zur Psychotherapie, dass die allgemeinen Faktoren, wie zum Beispiel die therapeutische Beziehungsgestaltung, verbunden mit der Erwartung auf Besserung, wie die Ressourcen der Patienten, wie das Umfeld, in dem die einzelnen leben und in dem sie behandelt werden, eine größere Rolle spielen als die verschiedenen Behandlungstechniken. Zudem – und das zeigen auch Forschungen (PAPs Studie, Praxisstudie Ambulante Psychotherapie Schweiz) – werden heute von den Therapeutinnen und Therapeuten neben den schulspezifischen viele allgemeine Interventionstechniken angewandt, vor allem aber auch viele aus jeweils anderen Schulen als denen, in denen sie primär ausgebildet sind.

Gerade aber, weil wir unterdessen so viel gemeinsam haben und unbefangen auch Interventionstechniken von anderen Schulen übernehmen, wächst auch das Interesse daran, wie es denn um die Konzepte der »jeweils Anderen« wirklich bestellt ist. Als Jungianerin bemerke ich immer wieder, dass Theorien von Jung als »Steinbruch« benutzt werden, dessen Steine dann in einer neuen Bauweise, beziehungsweise in einer neuen »Fassung« erscheinen, ohne dass auf Jung hingewiesen wird. Das geschah mit der Jungschen Traumdeutung, von der viele Aspekte überall dort übernommen werden, wo heute mit Träumen gearbeitet wird. Dass C.G. Jung zwar auch nicht der erste war, der mit Imaginationen intensiv gearbeitet hat, Imagination aber zentral ist in der Jungschen Theorie, wurde gelegentlich »vergessen«; die Schematheorie kann ihre Nähe zur Jungschen Komplextheorie, die 100 Jahre früher entstanden ist, gewiss nicht verbergen.

Vieles mag geschehen, weil die ursprünglichen Konzepte von Jung zu wenig bekannt sind. Deshalb begrüße ich die Idee von Ralf Vogel, eine Buchreihe bei Kohlhammer herauszugeben, bei der grundsätzliche Konzepte von Jung – in ihrer Entwicklung – beschrieben und ausformuliert werden, wie sie heute sich darstellen, mit Blick auf die Verbindung von Theorie und praktischer Arbeit. Ich bin sicher, dass von der Jungschen Theorie mit der großen Bedeutung, die Bilder und das Bildhafte in ihr haben, auch auf Kolleginnen und Kollegen anderer Ausrichtungen viel Anregung ausgehen kann.

Verena Kast

Inhalt

Geleitwort 5

Vorwort 9

1 Einführung 11

2 Konzept und Diagnostik der Posttraumatischen
  Belastungsstörung 19

3 Physiologische Aspekte der Traumatisierung 24
  3.1 Bedeutung der Scham 30
  3.2 Der Körper als Instrument im Prozess der
      psychischen Wandlung 31
  3.3 Medusa: Mythologische Trauma-Metapher 34

4 Der Begriff Trauma im Wandel der Zeit 37
  4.1 Im Kontext von Hysterie und Kriegsneurose:
      Ursprünge des Trauma-Begriffs in der Psychiatrie
      und in der frühen freudianischen Psychoanalyse ... 37
  4.2 Dissoziation – Kernkonzept der
      Psychotraumatologie 40
  4.3 Freud: Dissoziation als Abwehr 43
  4.4 Vom *Kriegszitterer* zum offiziellen Krankheitsbild ... 47
  4.5 Geschichte des Trauma-Begriffs in der Psychoanalyse
      nach Freud 49
  4.6 Einfluss der frühen Mutter-Kind-Beziehung und
      Bedeutung der Symbolisierungsfähigkeit 51

4.7 Zum Einfluss der entwicklungspsychologischen Bindungstheorie auf die Trauma-Theorie 58

5 Analytische Psychologie und Trauma – eine Verhältnisbestimmung. 62
5.1 Trauma, Komplex und Dissoziation in der Theorie von C.G. Jung 63
5.2 Das Verhältnis von Komplex und Trauma als affektives Kontinuum 65
5.3 Dissoziation als Schutzmechanismus und Erfahrung bei emotionalen Entwicklungsblockaden 69
5.4 Die Bedeutung von Symbolen und inneren Bildern für die Überwindung von Dissoziationen 74
5.5 Jungs autobiographische Stellungnahme zur Erfahrung der Dissoziation 77

6 Nach Jung: Klassische und neuere Ansätze der Analytischen Trauma-Psychotherapie 81
6.1 Archetypische Erfahrungen und Bilder als Kern der individuellen Traumatisierung 83
6.2 Innere Trauma-Welten, Trauma-Archetyp und Trauma-Komplex 89
6.3 Traumdeutung und Aktive Imagination – klassische Zugänge der Analytischen Psychologie 96
6.4 Aktive Imagination, Maltherapie und Mythodrama 100
6.5 Sandspieltherapie 104
6.6 Körperpsychotherapeutische Ansätze aus dem Bereich der Analytischen Psychologie 105

7 Fallbeispiele zu körpertherapeutischen Interventionen im Rahmen der Analyse 119

8 Chancen und Risiken 123

Literaturverzeichnis 134

Stichwortverzeichnis 141

Vorwort

Innerhalb der psychotherapeutischen Disziplin sind in den letzten Jahrzehnten neue Trauma-Therapieansätze entwickelt worden. Die Sensibilisierung für die psychischen und physischen Folgen von traumatischen Belastungen hat seit der Einführung der Diagnose der Posttraumatischen Belastungsstörung im *Diagnostic and Statistical Manual of Mental Disorders* (DSM III) 1980 zugenommen. Im Volksmund hört man den Begriff Trauma in unterschiedlichen Zusammenhängen: Ein Kind wurde durch Mobbing in der Schule »traumatisiert«, eine Person wurde durch eine Gewalttat, einen Blitzschlag oder den Verlust eines Angehörigen durch einen Autounfall »traumatisiert«. Diesem Common-Sense-Bewusstsein für das Phänomen steht die Komplexität des Krankheitsbildes gegenüber. Diese Komplexität spiegelt sich in den verschiedenen Methoden, die in der Psychotherapie entwickelt wurden. Techniken wie das *Eye Movement Desensitization and Reprocessing* (EMDR) oder die verhaltenstherapeutische Exposition stehen ganzheitlicheren systemischen, tiefenpsychologischen oder körpertherapeutischen Zugängen gegenüber. Unter den psychodynamischen Therapieansätzen wenig bekannt ist das Verständnis von psychischen Traumatisierungen nach C.G. Jung. Es ist mir ein Anliegen, den Beitrag der Analytischen Psychologie Jungs durch dieses Buch zur Diskussion zu stellen.

Ein Grund, dass sich die Sichtweise der Analytischen Psychologie wenig durchgesetzt hat, liegt an der Sprache von C.G. Jung. Begriffe wie Komplexe, Archetypen oder Symbole tönen in den Ohren außerschulischer Fachpersonen fremd und altertümlich. Vergleiche erfordern eine gemeinsame Begrifflichkeit. Ich glaube, dass es Aufgabe der jungschen Analytikerinnen und Analytiker ist, an einer sprachlichen Konvergenz zu arbeiten. Zum einen profitiert die Analytische Psychologie von der Integration neuerer Forschungsergebnisse, zum anderen kann sie zum Thema Attraktives beitragen. Diese therapeutische Herangehensweise ist insbesondere im Umgang mit komplex traumatisierten Patienten, die in der Folge eine Persönlichkeitsakzentuierung oder -störung entwickelt haben, sinnvoll und attraktiv. Dies auch theoretisch aufzuzeigen erfordert die Prüfung und Aktualisierung der ursprünglichen Annahmen. Zu dieser Aktualisierung gehört – gerade im Umgang mit Trauma-Patientinnen und -patienten – der bewusste Umgang mit Übertragungs- und Gegenübertragungsdynamiken, wie sie unter anderem über körperliche Empfindungen und den körpersprachlichen Ausdruck vermittelt werden. Im Zeichen dieser Auseinandersetzung steht das vorliegende Buch.

Mein Dank für die Realisierung dieses Buchprojekts gilt Renate Daniel, welche die Publikation als Studienleiterin am C.G. Jung-Institut Küsnacht angestoßen hat. Er gilt meinem Partner für die vielfache Unterstützung und Inspiration. Das Buch hat vom Feedback, der Expertise und den anregenden Diskussionen in der Supervision mit Mario Schlegel, Rosmarie Barwinski und Christine Hefti Kraus ungleich profitiert. Dankbar bin ich für viele erhellende Gespräche mit Kolleginnen und Kollegen, unter anderem am psychiatrisch-psychotherapeutischen C.G. Jung-Ambulatorium Zürich. Für den Erfahrungsaustausch und kluge Beiträge zur analytisch-psychologischen Trauma-Therapie bedanke ich mich insbesondere bei Michael H. Best, Barbara Frei, Andreas Kiriakidis und Serena Pavlovic. Mein Dank gilt insbesondere auch meinen Freundinnen Vernessa Riley Foelix und Patricia Illiosa, welche mir die Körperarbeit mit Patientinnen und Patienten nähergebracht haben.

Zugunsten einer lesefreundlichen Darstellung wird in diesem Text bei personenbezogenen Bezeichnungen in der Regel die männliche Form verwendet. Diese schließt, wo nicht anders angegeben, alle Geschlechtsformen ein (weiblich, männlich, divers).

1 Einführung

Die Analytische Psychologie nach C.G. Jung und insbesondere ihre Kerntheorie, die Komplextheorie, gründen mitunter auf Studien von Jean-Martin Charcot, Pierre Janet und Sigmund Freud. Diese legten wesentliche Grundlagen für die heutige Psychotraumatologie. Wenn wir zeitgenössische Erkenntnisse der Psychotraumatologie in ein Verhältnis zu aktuellen Ansätzen der Analytischen Psychologie setzen – und die Komplementarität des Krankheitsverständnisses und der Komplextheorie aufzeigen – wollen, müssen wir zunächst das Verhältnis der Analytischen Psychologie zur psychoanalytischen Tradition beleuchten. Innerhalb der Analytischen Psychologie gilt es, verschiedene neuere Ansätze aufzuzeigen, die zur Behandlung von traumatisierten Patientinnen und Patienten entwickelt wurden.

An Traumata bzw. an *seelischen Verletzungen* mit unterschiedlichen Intensitäten leiden die meisten, wenn nicht sogar alle Patienten. Dies bedeutet nicht, dass alle Patientinnen und Patienten mit seelischen Verletzungen diagnostisch als traumatisiert einzustufen sind. Eine psychische Traumatisierung wird als Folge eines Ereignisses oder einer länger andauernden gravierenden Belastungssituation beschrieben. Traumatische Lebensereignisse und langandauernde Belastungssituationen begegnen uns im psychotherapeutischen Alltag als Auslöser und Verstärker von akuten und chronifizierten psychischen Störungen. Aufgrund der Erlebnisintensität und des Fehlens einer adäquaten Reaktionsweise führt diese Erfahrung zu einer Störung des psychischen Gleichgewichts und dadurch zu einer vorübergehenden oder dauerhaften Schädigung (Müller, 1973, S. 536 f.). Ob eine dauerhafte Schädigung erfolgt, hängt von diversen Faktoren ab: Charakter, Persönlichkeit, Entwicklungs- und Reifestadium, Vulnerabilität, soziale Einbettung und Unterstützung, soziographische Situation, erworbene Resilienz, Kompetenzen und Coping-Strategien im Umgang mit Stress und Belastungen. Je nach

1 Einführung

Konstellation dieser Faktoren können belastende Lebensereignisse sowie sequentielle Belastungen zu unterschiedlichen Beeinträchtigungen führen. Diese reichen von der Posttraumatischen Belastungsstörung, welche beispielsweise als Folge von bereits einmaliger extremer Gewalteinwirkung auftreten kann, bis zu komplexen Traumatisierungen. Komplexe psychische Traumatisierungen, wie sie als Folge von Beziehungstraumata entstehen, können verschiedene Formen von Persönlichkeitsstörungen zur Folge haben. Kernberg korreliert beispielsweise narzisstische Persönlichkeitsstörungen mit Deprivations-Traumata im Säuglingsalter oder das Auftreten der Borderline-Persönlichkeitsstörung mit Traumata in der Wiederannäherungsphase im Kleinkindalter (Kernberg, 2009).

Dank der seit den 1980er Jahren ausgedehnten medizinischen und psychologischen Forschung zum Thema Traumatisierung steht uns eine Vielzahl von empirischen Untersuchungen im psychotherapeutischen Kontext zur Verfügung. Sie dienen der Klärung psychophysiologischen Zusammenhänge. Die Diagnose der Posttraumatischen Belastungsstörung (PTBS) identifiziert die ausgeprägteste Form einer pathologisch gewordenen Umgangsweise mit einer gravierenden seelischen Verletzung. Je differenzierter wir das Denken, Fühlen, Handeln und Empfinden eines Patienten verstehen, desto komplexer und feinkörniger lassen sich die physischen und psychischen Umgangsweisen mit Verletzungen nachvollziehen. Die neurologischen Coping-Mechanismen entsprechen bereits bei leichtgradigen seelischen Verletzungen einem Muster, das therapeutische Prozesse verständlicher macht. Auch die Fortschritte der Neurowissenschaften tragen dazu bei, die mentale, physische und emotionale Verarbeitung traumatischer Erfahrungen besser zu verstehen. Autoren wie Judith Lewis Herman, Bessel van der Kolk, Pat Ogden oder Peter Levine haben die Anwendung dieser Erkenntnisse im psychiatrischen, psychotherapeutischen Setting erprobt und weiterentwickelt. Erkenntnisse aus den Neurowissenschaften erhellen zunehmend Zusammenhänge des sogenannten Embodiments, der körperlichen Repräsentation von Emotionen (Damasio, 2000). Durch das zeitgeschichtlich verstärkte Bewusstsein für häusliche Gewalt und sexuellen Missbrauch in Familien wurden insbesondere auch die Studien zu sequentiellen, komplexen und entwicklungsbezogenen Traumatisierungen ausgeweitet. Traumatisierungen, ob sie nun dem Vollbild einer diagnostizierten Posttraumatischen Belastungsstörung oder einer

1 Einführung

verschleierten Form von komplexen Entwicklungstraumata entsprechen, haben zahlreiche Ursachen. Neben selbst erlittenen Unfällen, emotionaler oder physischer Vernachlässigung in der Kindheit, schweren Krankheiten (z. B. Mitteilung einer Krebsdiagnose), Naturkatastrophen und Kriegserfahrungen können Arbeits- oder Verkehrsunfälle zu einer psychischen Traumatisierung führen.

Je besser wir die physischen Prozesse und Abwehrmechanismen, welche die psychischen Störungsbilder begleiten, verstehen, desto größer wird unsere Kenntnis der Symptomatik. Dieses Wissen ist auch die Basis therapeutischer Interventionen, die dem Schweregrad der Traumatisierung und der Stabilität des Patienten angepasst sein müssen. Während die unbewussten Prozesse mental oft diffus und schwer fassbar bleiben, erlauben die Schulung der Körperwahrnehmung und der Umgang mit der körperlichen Symptomatik, die beispielsweise bei Affektausbrüchen feststellbar ist, den Patientinnen und Patienten, schrittweise einen selbstwirksamen Zugang zur Emotionsregulierung zurück zu erlangen. Van der Kolk beschreibt, wie traumatische Erlebnisse der Vergangenheit über bewusste physische Erfahrungen transformiert werden können und die emotionale Kontrolle stückweise wiedergewonnen werden kann (van der Kolk, 2015). Das Studium der psychischen und physischen Reaktionsweisen auf seelische Verletzungen ist deshalb ein wesentlicher Schlüssel, um das Erleben sowie die funktionalen und dysfunktionalen Verhaltensmuster des Patienten zu erkennen. Seelische Verletzungen und ihre Überwindung gehören zur individuellen Lebens- und zur kollektiven Menschheitsgeschichte. Ihre Überwindung führt oftmals zu Wandlungsprozessen und neuen Entwicklungsmöglichkeiten. Während nicht alle Patienten auf belastende Lebensereignisse traumatisiert reagieren, liegen der traumatischen Reaktion allgemeine oder archetypische psychische Reaktionsmechanismen zugrunde, die für das Verstehen und den Umgang mit seelischen Verletzungen relevant sind. Die biophysische Reaktion auf Traumata ist trotz der kulturell unterschiedlichen Bewältigungsstrategien universell. Sie nimmt oftmals prägenden Einfluss auf die Familien- und Generationsgeschichte, auf das Selbstverständnis und die individuelle und kollektive Identität der Betroffenen.

Die Analytische Psychologie C.G. Jungs ermöglicht den Zugang zur Psychotraumatologie durch den geteilten Fokus auf dissoziative Phänomene. Der Begriff der Dissoziation, den der französische Psychiater Pierre Janet

1 Einführung

(1859–1947) prägte, spielt in der Analytischen Psychologie sowohl für das Krankheitsverständnis der Neurose wie für die Komplextheorie eine entscheidende Rolle. Jungs Interesse an den Emotionen als verbindendes Element zwischen Körper und Seele steht am Anfang seiner Entwicklung der Komplextheorie. Unter einem Komplex versteht Jung einen gefühlsbetonten psychischen Inhalt oder einen Vorstellungskomplex, der größtenteils unbewusst ist. Wird dieser Komplex durch eine Erfahrung angestoßen, welche eine ähnliche emotionale Färbung hat, kann der Komplex getriggert werden und das Verhalten der Person autonom steuern (▶ Kap. 7).

Traumata beschreibt Jung als besonders intensive Komplexe. Entsprechend verstärkt sind die dissoziativen Prozesse bei traumatischen Komplexen. Jung versteht unter Dissoziationen zunächst eine psychische Reaktion, die zur Entstehung von Neurosen – im Extremfall auch zu Psychosen – führen kann. Eine Dissoziation tritt auf, wenn verschiedene Persönlichkeitsanteile unvereinbar sind. Wenn die bewusste Einstellung der Person beispielsweise gegensätzlich zu einem unbewussten Impuls oder Drang steht, dann muss der unbewusste Impuls abgespalten werden, um das positive Selbstbild intakt zu halten. Beispielsweise erfolgt bei einem konservativ sozialisierten Mann, der sich unbewusst in einen Kollegen verliebt, sich jedoch aus moralischen oder konventionellen Gründen seine Homosexualität nicht bewusst zugestehen kann, eine besonders kategorische Abwertung des Kollegen. Diese erfolgt stellvertretend bzw. projektiv für die Selbstabwertung des Mannes für seine sexuelle Ausrichtung, die er sich aufgrund seiner bewussten Einstellung nicht eingestehen kann. In der jungschen Terminologie stehen sich der Schatten und die Persona gegenüber: Der unerwünschte Persönlichkeitsanteil kontrastiert mit der Selbstdarstellung in der Außenwelt (Persona als *Maske* des Einzelnen im sozialen Raum), welche zur Aufrechterhaltung des positiven, bewussten Selbstbildes beiträgt. Der dissoziative Vorgang bindet Energie und hemmt die Spontanität der Person. Die Gefühle der Liebe und Zuneigung müssen verdrängt werden.[1]

---

1 Die Unterscheidung der Begriffe Dissoziation, Abspaltung, Komplex, Trauma und des psychoanalytischen Begriffs der Verdrängung wird in den Kapiteln 3 und 4 ausführlicher besprochen.

1 Einführung

»Bei der Dissoziation wird die Selbstwahrnehmung bzw. Selbsteinschätzung vorübergehend so verändert, dass der Betreffende ein anderes Bild von sich selbst erhält. Die Dissoziation dient dazu, interpersonelle oder intrapsychische Spannungen, die durch mit dem Selbstbild zusammenhängende Konflikte ausgelöst werden, zu reduzieren. Stärkere dissoziative Phänomene treten häufig nach Traumatisierungen in Erscheinung.« (Müller & Müller, 2003, S. 91)

Werden die emotionale Fracht und der abgespaltene Persönlichkeitsanteil nicht integriert, fehlt jedoch die Akzeptanz des ganzen eigenen Wesens. Dies führt zu innerem Leiden, das sich im neurotischen Fall beispielsweise in Form psychischer Ängste oder Zwänge zeigt. Unbewusst radikalisiert sich der persönliche Komplex der Person – die unangenehmen Symptome rufen nach Bearbeitung. Um die Ängste zu überwinden, muss der persönliche Komplex im Kern bearbeitet werden.

Die Erforschung der psychischen Wirklichkeit, welche sich insbesondere dann, wenn ein Komplex aktiviert ist, für die Person als untrügliche Realität anfühlt, obwohl sie allenfalls in einem starken Kontrast zur äußeren Welt und der Wahrnehmung der Mitmenschen steht, faszinierte Jung. Er stellte fest, dass die Assoziationen bei hysterischen Patientinnen und Patienten durch einen dominanten Komplex überschwemmt wurden, welcher oftmals auf ein früheres Trauma zurückging. Erst die bewusste Durcharbeitung dieses Komplexes ermöglichte dessen psychodynamische Bewältigung und Assimilierung. Über das Assoziationsexperiment beobachtete Jung eingehend die körperlichen Symptome komplexhafter, das heißt emotional aufgeladener, Reaktionsweisen, welche als Indikatoren zur Aufdeckung von verborgenen innerseelischen Konflikten dienten. In seinen Ausführungen zur *Transzendenten Funktion* beschreibt er, wie vielfältig die unbewussten Vorgänge sich bei den Menschen über symbolisches Material und über die körperlichen Bewegungen ausdrücken können. Unbewusste oder dissoziierte Inhalte können beispielsweise beim spontanen Gefühlsmalen oder im Sandspielprozess auftauchen und ausgedrückt werden.

Therapeutisch impliziert die Arbeit mit dissoziativen Symptomen also in der Analytischen Psychologie vermehrt auch die Integration der körperbewussten Arbeit. Auch aktuelle, klinisch orientierte Trauma-Theorien integrieren Janets Verständnis struktureller Dissoziationen prominent (van der Hart, Nijenhuis & Steele, 2008). Die Bedeutung der Leiblichkeit und der Integration von Interventionen, welche Bewegung, Atmung und Körperwahrnehmung schulen, ist verhaltensmedizinisch erwiesen und grundlegend für eine erfolgreiche Exposition. Mit der zunehmenden Entstehung und Beachtung körpertherapeutischer Ansätze verstärkt sich das Anliegen, dem Phänomen des Körpers und seinen vielfältigen Ausdrucksweisen im Rahmen des Psychotherapiesettings einen gebührenden Platz einzuräumen. Durch die kreative und ganzheitliche Ausrichtung der Analytischen Psychologie, welche die malerische Gestaltung von Gefühlen und später die Sandspielmethode als genuine Therapiemethoden standardisiert hat, sind Erkenntnisse zur Bedeutung des Körperbezugs früh selbstverständlich integriert worden. Die im letzten Jahrhundert durch Studien und Erkenntnisse parallel zur Psychoanalyse gewachsene Tradition von Gestalt- und Körpertherapeuten, wie beispielsweise Wilhelm Reich (Vegetotherapie), Alexander Lowen, Frederick Matthias Alexander (Alexander-Technik), Hilarion Petzold (Integrative Therapie) oder Moshé Feldenkrais (Feldenkrais-Methode), erwies sich als reichhaltige Quelle von Anregungen für körperorientierte Therapeuten unterschiedlicher Couleur. In der Analytischen Psychologie haben tanztherapeutische Ansätze wie das *Authentic Movement* von Mary Starks Whitehouse und Joan Chodorow aus den USA die Bedeutung von Körpersprache und Bewegung erforscht und beschrieben. In der europäischen Analytischen Praxis haben sich diese Erkenntnisse bislang jedoch erst marginal durchgesetzt. Die Bewegungstherapeutinnen erkannten, dass die Übersetzung von starken Emotionen wie Trauer oder Wut in spontane Bewegungen sowie das bewusste Atmen, Dehnen und Schütteln der Körperteile in der therapeutischen Praxis einerseits zu Entlastung und Affektregulierung führen kann, andererseits als Unterstützung der Bewusstwerdung von unbewussten Verhaltensmustern dient. Persönlichkeitsanteile und (schambesetzte) Verhaltensmuster, welche über eine direkte kognitive oder emotionale Konfrontation noch nicht aushaltbar sind, können über die Bewegung im geschützten Raum der therapeutischen Beziehung oft einfacher zugelassen werden. Der Zugang zum eigenen Schatten, also die Einsicht und Integration von Selbstanteilen, welche schwer mit dem Selbstbild zu vereinbaren sind, kann über das bezeugte und eingeschränkt bewusste Bewegungsspiel erarbeitet werden. Den innerseelischen Prozess auf der körperlichen Ebene mit durchzuarbeiten und ihm über Bewegung einen zusätzlichen Darstellungsraum zu verleihen, führt beim Patienten einerseits zur Verankerung bewusst gewordener Inhalte, andererseits zu überraschenden Körper- und Bewegungsimpulsen, die das Geschehen auf neue Weise integrieren und transformieren. Das bewusste Erlernen von Atemtechniken und die Unterstützung der Fähigkeit, Emotionen durch Bewegungen darzustellen, kann hierbei über leichte Übungen einen einfachen und selbstwirksamen Zugang zur eigenen Emotionsregulierung und zur inneren Abgrenzung unterstützen.

Für die Bedeutung eines – unter anderem – leiborientierten Zugangs spricht auch die psychoanalytische These, dass durch Traumatisierungen die Symbolisierungsfähigkeit verschüttet werden kann. Traumatisierungen bezeichnen psychische Störungen im präverbalen Bereich. Im Hinblick auf die Arbeit mit traumatisierten Menschen, deren Mentalisierungsfähigkeiten beeinträchtigt sind, ermöglicht die symbolorientierte Arbeitsweise der Analytischen Psychologie einen wertvollen therapeutischen Zugang. Die selbstwirksame Erfahrung der Emotionsregulation über das Malen der eigenen Gefühle, welche Jung beschreibt, kann die schrittweise Wiedergewinnung der Unterscheidung zwischen innerer und äußerer Realität unterstützen. Die Symbolisierungsfähigkeit wird angeregt. Ihre Wiedergewinnung ist Voraussetzung für den tieferen analytischen Prozess. Bei Menschen, die über imaginative oder gestalterische Techniken keinen Zugang zur eigenen psychischen Innenwelt finden, können körperorientierte Techniken auf der Grundlage einer tragenden therapeutischen Beziehung diesen Zugang anstoßen.

Die vorliegende Auseinandersetzung beginnt mit einem Überblick über die Verwendung des Begriffs Trauma in der aktuellen Psychopathologie. Seit die Posttraumatische Belastungsstörung (PTBS) 1980 erstmals als psychische Störung klassifiziert wurde, wird der Begriff Trauma im öffentlichen Sprachgebrauch oftmals reduziert auf diese Diagnose. Entsprechend scheint der Überblick über das Krankheitsbild mit seiner Diagnostik und der emotionalen, kognitiven und vegetativen Symptomatik relevant, um als Referenzpunkt die Abgrenzung vom historischen Begriff Trauma in der Psychoanalyse zu erleichtern. Die Geschichte des Trauma-Begriffs und seiner Erforschung im Gebiet der Psychoanalyse wird historisch rekonstruiert, bevor die entwicklungspsychologischen Grundlagen zur Mentalisierungsfähigkeit und Bindungstheorie besprochen werden, die für das

1 Einführung

Verständnis der innerpsychischen Mechanismen bei Traumatisierungen bedeutsam sind. Anschließend wird die Auseinandersetzung mit dem Trauma-Begriff aus der Sicht der Analytischen Psychologie erörtert. Die theoretische Verhältnisbestimmung zwischen der analytischen Psychologie, der Psychoanalyse und den Forschungsergebnissen der medizinischen und psychologischen Psychotraumatologie wird insbesondere hinsichtlich der Komplextheorie und hinsichtlich des Begriffs der Dissoziation unternommen. Insgesamt werden die Phänomene von Dissoziation und Traumatisierung mithilfe der Kombination verschiedener psychoanalytischer Modelle und klinischer Theorie beschrieben. Komplementäre Aspekte zwischen beispielsweise der Objektbeziehungstheorie, der Mentalisierungstheorie und der Analytischen Psychologie zu beleuchten, scheint mir trotz der teils unterschiedlichen Grundbegrifflichkeiten attraktiv und erhellend. Im Bewusstsein, dass dieser Versuch der Kombination von verschiedenen psychoanalytischen Modellen und Begrifflichkeiten ein kontroverses Unterfangen darstellt, scheint mir dennoch eine vorurteilsfreie Revision und die Offenheit zur schulenübergreifenden Betrachtung gerade hinsichtlich des noch gering systematisierbaren Forschungsbereichs der Psychotraumatologie sinnvoll. Im Schlussteil werden neuere Trauma-theoretische Ansätze aus der Analytischen Psychologie vorgestellt. Die therapeutische Umsetzung des jungschen Krankheitsverständnisses wird anschließend anhand der körper- und tanztherapeutischen Methoden von Marion Woodman, Mary Starks Whitehouse und Joan Chodorow aufgezeigt. Die Integration von Emotionen und die Überwindung von Dissoziationen über gezielte Interventionen der Körperarbeit, welche auch direkt in das psychoanalytische Therapiesetting eingebaut werden können, wird anhand der Berichte dieser Autorinnen aufgezeigt. Anhand dieser theoretischen Grundlage und anhand von Fallbeispielen werde ich für eine verstärkt körperbewusste Haltung und für den Mut zu gezielten, verantwortungsbewussten körpertherapeutischen Interventionen innerhalb des psychoanalytischen Settings argumentieren.

2 Konzept und Diagnostik der Posttraumatischen Belastungsstörung

Im gegenwärtigen öffentlichen Sprachgebrauch wird der Begriff Trauma mehrheitlich mit der psychiatrischen Diagnose der Posttraumatischen Belastungsstörung (PTBS) assoziiert. Zur Abgrenzung vom historischen, in der Psychoanalyse verwendeten Trauma-Begriff scheint ein Überblick über die aktuelle Diagnostik und die Beschreibung des PTBS-Störungsbildes angezeigt. Dieser Überblick dient der Umrahmung des theoretischen Krankheitsverständnisses in der psychopathologischen Diagnostik, welches das psychotherapeutische und psychoanalytische Schaffen und die Wahl der Intervention beeinflusst.

Etymologische stammt der Begriff Trauma aus dem Altgriechischen und bedeutet Verletzung oder Wunde. Er wird in der Medizin, insbesondere in der Chirurgie, zur Bezeichnung einer körperlichen Verletzung oder Behinderungen, die durch Verletzung entstanden sind, verwendet. In der Psychologie bezeichnet Trauma generell eine seelische Verletzung oder Erschütterung. Donovan erweiterte den medizinischen Begriff der Traumatologie in seinem vielfach zitierten Artikel »Traumatology: A field whose time has come« (Donovan, 1991). Hinsichtlich der vielfachen Reaktionsweisen, die Körper und Psyche im Umgang mit schweren Belastungen und Verletzungen zeigen, schlug der amerikanische Psychiater 1991 die folgende Definition der Traumatologie vor:

> »Traumatology is the study of natural and man-made trauma (from the ›natural‹ trauma of the accidental and the geophysical to the horrors of human inadvertent or volitional cruelty), the social and psychobiological effects thereof, and the predictive-preventive-interventionist pragmatics which evolve from that study.« (Donovan, 1991, S. 434)

Diese Definition ist heute die Grundlage der Diagnose PTBS. Die Unterscheidung zwischen den sogenannten natürlichen, akzidentiellen und den *man-made*, den intersubjektiven Traumata, ist zentral, um in der Diagnostik und Therapie zwischen der klassischen PTBS und komplexeren Formen zu unterscheiden.

Die Diagnose der Posttraumatischen Belastungsstörung wurde erst 1980 in das *Diagnostic and Statistical Manual of Mental Disorders* (DSM III) aufgenommen und damit offiziell als psychische Störung anerkannt. Die Störung ist die Folge einer Konfrontation mit einem kurz- oder langandauernden Ereignis, das als außergewöhnliche oder katastrophale Bedrohung empfunden oder wahrgenommen wird (Maercker, 2013, S. 13–34). Entsprechend wird der Begriff Trauma heute oft reduziert auf die ausgeprägte Symptomatik einer *Trauma-Folgestörung*, bei der ein schwer belastendes Lebensereignis nach dem auslösenden Ereignis immer wieder physisch und psychisch in Form von Flashbacks oder Intrusionen wiedererlebt wird. Unterschieden wird einerseits zwischen den natürlichen oder akzidentiellen und anderseits den zwischenmenschlich verursachten (manmade) Traumatisierungen. Akzidentielle Traumata von kürzerer Dauer sind beispielsweise ausgelöst durch Verkehrsunfälle oder einen Blitzschlag. Technische, atomare oder langandauernde Naturkatastrophen sind Beispiele für Auslöser von langandauernden akzidentiellen Traumata. Bei den zwischenmenschlichen Traumata können einmalige Ereignisse wie eine Vergewaltigung oder die Erfahrung körperlicher Gewalt, aber auch langanhaltende Erfahrungen von körperlicher und sexueller Gewalt in der Kindheit, Folter, Krieg oder Geiselnahme als mögliche Ursachen genannt werden. Von den natürlichen und zwischenmenschlichen Traumata wird zusätzlich die Kategorie der medizinisch verursachten Traumata unterschieden. Zur Symptomatik der PTBS gehören fünf Hauptkriterien: Erlebnis eines Traumas, Intrusionen (unwillkürliche und belastende Erinnerungen an das Trauma), Vermeidungsverhalten und allgemeiner emotionaler Taubheitszustand, anhaltendes physiologisches Hyperarousal und die länger als einen Monat anhaltende Dauer der Symptome (Maercker, 2013, S. 13–34). Die vollständige Diagnostik gemäß DSM-5 kann bei der American Psychiatric Association (2013) nachgelesen werden, die des ICD-10 bei Dilling (2012).

Beim PTBS-Störungsbild unterscheiden sich die beiden etablierten Manuals. Das ICD-10 unterschied zwischen Akuter Belastungsreaktion, Posttraumatischer Belastungsstörung und Anpassungsstörung. Dissoziative

Störungen wurden in einer eigenen Kategorie klassifiziert. Das ICD-11, welches ab 2022 gelten wird, verspricht eine weitere Differenzierung der Diagnostik durch die Aufnahme der Komplexen Posttraumatischen Belastungsstörung. Im Gegensatz zu den Diagnosevarianten im ICD-11 hat die American Psychiatric Association im DSM-5 eine dem ICD-10 vergleichbare Überkategorie des PTSD-Konzepts (*Posttraumatic Stress Disorder*) beibehalten, worin zwischen einer reaktiven Bindungsstörung (*Reactive Attachment Disorder*), einer Störung des gehemmten sozialen Engagement (*Disinhibited Social Engagement Disorder*), der PTBS (einschließlich der PTBS für Kinder bis 6 Jahre), der Akuten Stressreaktion (*Acute Stress Disorder*) und der Anpassungsstörung unterschieden wird (American Psychiatric Association, 2013). Im Rahmen der verstärkten Forschung zum Thema Traumata haben in den USA feldspezifische Pioniere wie Judith Herman und Bessel van der Kolk den wesentlichen Unterschied zwischen der *klassischen* PTSD und der komplexen PTSD identifiziert und beschrieben. Herman prägte den Begriff der komplexen PTSD, van der Kolk nennt die Störung *Disorder after Extreme Stress not Otherwise Specified* (DESNOS) (Melbeck, 2004, S. 157).

Bei der komplexen PTSD-Symptomatik wird mit Herman von einer langanhaltenden traumatischen Belastung ausgegangen. Während auch hier die Hauptsymptome der PTSD vorliegen müssen, kommt es, zusätzlich zur Dissoziationsneigung und Somatisierung, zu Beeinträchtigungen im Bereich der Emotionsregulierung (Affekt- und Impulsregulation), des Selbstkonzepts (negative Selbstwahrnehmungen, veränderte Lebenseinstellungen) und der Beziehungsfähigkeit. Herman beschreibt die Reaktionen auf ein Trauma durch ein Spektrum verschiedener Zustände, nicht als einzelne Störung. In Anlehnung an Lawrence Kolb geht sie davon aus, dass durch die Heterogenität der PTSB und die oftmals langanhaltende, tiefgreifende Desintegration der Persönlichkeit fast alle Formen der Persönlichkeitsstörungen resultieren können (Herman, 2014, S. 166 f.). Sie schlug bereits in den 1990er Jahren den Begriff *Komplexe Posttraumatische Belastungsstörung* vor, um Patienten zu erfassen, die spezifisch über einen längeren Zeitraum totalitärer Herrschaft unterworfen waren (Geiseln, Kriegsgefangene, Überlebende aus Konzentrationslagern, Aussteiger aus Sekten, Menschen, die in sexuellen oder familiären Beziehungen durch physische oder sexuelle Gewalt missbraucht wurden, oder Personen, die von organisierten Banden sexuell ausgebeutet wurden). Dabei benennt sie neben einem langandauernden Ausgeliefertsein in traumatischen Situationen sechs weitere Symptomkategorien: Störungen der Affektregulation, Bewusstseinsveränderungen, gestörte Selbstwahrnehmung, gestörte Täterwahrnehmung, Beziehungsprobleme und Veränderung des Wertesystems. Zu den Störungen der Affektregulation zählt sie hierbei anhaltende Dysphorie, chronische Suizidgedanken, Selbstverstümmelung, aufbrausende oder extrem unterdrückte Wut (eventuell alternierend), zwanghafte oder extrem gehemmte Sexualität (eventuell alternierend). Die der komplexen PTBS zugeordneten Bewusstseinsveränderungen umfassen Amnesie oder Hypermnesie bezüglich der traumatischen Ereignisse, phasenweise dissoziative Erscheinungen, Depersonalisation und Derealisation, Wiederholung des traumatischen Geschehens über entweder intrusive Symptome der PTBS oder als andauernde grüblerische Beschäftigung. Bei der Spezifikation der gestörten Selbstwahrnehmung beschreibt Herman Ohnmachtsgefühle, Lähmung jeglicher Initiative sowie Scham- und Schuldgefühle, Gefühle der Beschmutzung und Stigmatisierung, Selbstbezichtigungen und das Gefühl, sich von anderen grundlegend zu unterscheiden. Zur gestörten Täterwahrnehmung kann gehören: ständiges Nachdenken über die Beziehung zum Täter (auch Rachegefühle), unrealistische Einschätzung des Täters, der für allmächtig gehalten wird, Idealisierung oder paradoxe Dankbarkeit, Gefühl einer besonderen oder übernatürlichen Beziehung, Übernahme des Überzeugungssystems oder der Rationalisierung des Täters. Bei den Beziehungsproblemen können Isolation und Rückzug, gestörte Intimbeziehungen, wiederholte Suche nach einem Retter (eventuell alternierend mit Isolation und Rückzug), anhaltendes Misstrauen, Unfähigkeit zum Selbstschutz Symptome sein. Die Veränderungen des Wertesystems umfassen den Verlust fester Glaubensinhalte oder Gefühle der Hoffnungslosigkeit und Verzweiflung (Herman, 2014, S. 169 f.).

Die Komplexe PTBS wird im ICD-11 diagnostisch von der PTSD abgegrenzt. Während als sogenanntes Einschlusskriterium (*Gate Criterion*) bei beiden Störungen traumatische Stressoren vorhanden sein müssen, umfasst der voraussichtliche Kriterienkatalog für die Komplexe PTBS neben den Kernsymptomen der PTBS zusätzlich drei Kriterien: 1) schwere, tiefgreifende Probleme der Affektregulation, 2) tiefgreifende Überzeugungen, das eigene Selbst sei minderwertig, beschädigt oder wertlos, (…),

3) anhaltende Schwierigkeiten in der Aufrechterhaltung von Beziehungen und dem Gefühl, anderen nahe zu sein. Es wird davon ausgegangen, dass diese Symptome bedeutsame psychosoziale Funktionseinschränkungen darstellen (Cloitre, Garvert, Brewin, Bryant & Maercker, 2013; Maercker & Augsburger, 2017, S. 967 f.). In derselben Version des ICD wird auch zwischen weiteren Belastungsfolgestörungen, wie der anhaltenden komplexen Trauerstörung und der Anpassungsstörung, unterschieden. Maercker und Augsburger beschreiben die Differenzierung folgendermaßen:

> »Nach einer längeren Zeit intensiver wissenschaftlicher Auseinandersetzung ist die PTBS nicht mehr die einzige psychotraumatologische Diagnose, sondern bekommt mehrere ›Geschwister‹. In der International Classification of Diseases (ICD-)11 Betaversion, die 2018 endgültig von der Weltgesundheitsorganisation beschlossen wird, kommen die komplexe PTBS (KPTBS) und die anhaltende Trauerstörung (ATS) hinzu; dazu wird die Anpassungsstörung gruppiert, bei der es um schwere, aber nichttraumatische Belastungen geht.« (Maercker & Augsburger, 2017, S. 967)

Eine Spezialkategorie bildet die Diagnostik der komplexen PTBS bei Kindern und Jugendlichen. Die von Bessel van der Kolk, Judith Herman und Mitstreitern entwickelte Diagnostik eines sogenannten Entwicklungstraumas bei Kindern und Jugendlichen hat bis heute keinen Eingang ins DSM gefunden (van der Kolk, 2015, S. 360 ff.). Das DSM führte jedoch einen Subtyp der PTBS-Diagnostik für bis 6-jährige Kinder ein. Studien zu aversiven Kindheitserfahrungen und zu den spezifischen Auswirkungen komplexer Traumatisierungen bei Kindern und Jugendlichen nehmen derzeit international stark zu, weshalb in den nächsten Jahren weitere Erkenntnisse und Spezifizierungen zu erwarten sind. Das Gleiche gilt für epigenetisch orientierte Studien zum Phänomen der übergenerationellen Traumata (Maercker & Augsburger, 2017, S. 969 f.). Bezüglich der komplexen Traumatisierungen bei Kindern und Jugendlichen zeigen aktuelle Ergebnisse bereits jetzt, dass neben den körperlichen Misshandlungen oder dem sexuellen Missbrauch auch emotionale Misshandlung und Vernachlässigung (körperlich und emotional) zu Traumatisierungen, jedoch auch zu einem erhöhten Risiko für depressive Störungen, Angststörungen, Halluzinationen, Schlafstörungen und Alkoholmissbrauch führen können (Maercker & Augsburger, 2017, S. 968).

3 Physiologische Aspekte der Traumatisierung

Was geht im Körper und in der Wahrnehmung einer traumatisierten Person vor? Körperliche Empfindungen sind die Grundlage emotionaler Zustände. Emotionen bewegen umgekehrt den Organismus dazu, sich zu einer Reizquelle hin oder davon weg zu bewegen. Bestimmte instinktive Verhaltensweisen wie beispielsweise die Reaktionsbereitschaft zur Selbstverteidigung bei Angriff, zur Flucht bei Gefahr oder dazu, sich in der Hoffnung auf Fürsorge jemandem zu nähern, gehören zur Grundausstattung des menschlichen Organismus. Diese Erkenntnisse, die von Charles Darwin und Ivan Pawlow formuliert wurden, sind für das Verständnis des Zusammenspiels psychischer und körperlicher Reaktionsweisen bei Traumatisierungen grundlegend (van der Kolk, 2010, S. 17). Bei Traumatisierungen werden im Gehirn natürliche Opiate ausgeschüttet, die Schmerz und Angst im Körper blockieren. Diese überwältigenden Empfindungen werden aus dem Bewusstsein verdrängt. Nachdem die Gefahr vorbei ist, werden diese Empfindungen und Gefühle im Idealfall im Rahmen einer Begleitung zugelassen und integriert. Der dissoziative Schutzmechanismus wird aufgelöst, die Ich-Stabilität langsam wiederhergestellt. Gelingt dies nicht, bleiben Angst und Schmerz unbewusst im Körper verschlossen, sie sind mental nicht mehr fassbar. Würden diese Emotionen das Bewusstsein erreichen, könnten wir nicht mehr funktionieren (Sieff, 2017, S. 178). Die anhaltende Verdrängung der überwältigenden Emotionen in den Bereich des Körpers führt zu einer generalisierten Abkopplung von der Wahrnehmung des Körperbewusstseins. Obwohl der Körper unter Umständen deutlich somatisiert, bleibt der Zugang zu den Emotionen dem Bewusstsein verschlossen (Sieff, 2017, S. 178).

Ähnlich wie bei einem Kind, das nicht bewusst entscheiden kann, ob es sich instinktiv anklammert oder zu weinen beginnt, wenn es Angst hat, können auch Erwachsene bestimmte instinktive Handlungen und Motivationen nicht bewusst kontrollieren. Die unbewussten Prozesse, welche diesem Prozess zugrunde liegen, zeigen sich bei traumatisierten Menschen beispielsweise darin, dass bestimmte körperliche Handlungen, die während des Traumas angezeigt waren, aufgrund eines Reizes wiederholt werden, jedoch in der gegebenen Situation zu erschöpfenden, irrelevanten oder sogar selbst- oder fremdgefährdenden Handlungen führen (van der Kolk, 2010, S. 18). Die unbewussten Prozesse haben zur Folge, dass ein Reiz eine Reaktion auslöst, die nicht zur Situation passt. Beispielsweise erlebt ein Soldat im nächtlichen Albtraum seine traumatische Kampfsituation, bei der er, um sein Leben zu retten, einen Angreifer erwürgen musste. Während dieses nächtlichen Flashbacks schreckt er auf und beginnt seine Ehefrau zu würgen, die neben ihm im Bett schläft. Ein anderes Beispiel ist eine Frau, welche durch einen frühen Missbrauch in der Familie derart geprägt ist, dass Nähe und Fürsorge gleichzeitig mit Grenzüberschreitungen einhergehen. Entsprechend gerät sie wiederholt in missbräuchliche Beziehungen zu Männern, in denen sie sich in einer erschöpfenden Ambivalenz zugleich beheimatet und ausgenutzt fühlt (Herman & Hirschman, 1997).

Traumatisierte Menschen erleben in der Gefährdungssituation sowie beim Wiedererleben einen extremen Stresszustand. Die Ausschüttung der Stresshormone führt dazu, dass die höheren Hirnareale deaktiviert werden. Das psychophysische System registriert einen lebensbedrohlichen Zustand und wird in den Überlebensmodus versetzt. Das ganze körperliche System ist auf die primitiven Verhaltensweisen von Flucht, Kampf oder Erstarren eingestellt. Gemäß der metaphorischen Unterscheidung[2] zwischen drei Teilsystemen des Gehirns, die in einem engen Verhältnis zueinanderstehen, wird in Überlebenssituationen mit dem Stammhirn der instinktive Teil, das sogenannte Reptiliengehirn, aktiviert. Das lymbische System (unter anderem der Hippocampus und die Amygdala) im Zwischenhirn, welches beispielsweise für Kreativität, Lernen oder die emotionale Wiedererken-

---

2 In der Biologie existiert keine eigentliche Verifizierung des Dreifachhirns. Das Modell der drei Gehirnareale ist in der Trauma-therapeutischen Arbeit dennoch gebräuchlich und wird von den Patientinnen und Patienten als eingängig erlebt.

3 Physiologische Aspekte der Traumatisierung

nung und Bewertung von Situationen zuständig ist, sowie die Großhirnrinde (Neokortex), welche als rationaler Teil beispielsweise für Sprache und Denken, Wahrnehmung und Interpretation visueller Information, Gefühlserleben und Selbstkontrolle etc. zuständig ist, werden vorübergehend ausgeschaltet (Hantke & Görges, 2012, S. 32 f.).

»Informationen werden nur dann an die höher gelegenen Hirnregionen weitergeleitet, wenn das System (der Körper Mensch) nicht bedroht scheint.« (Hantke & Görges, 2012, S. 35)

Entsprechend schwierig ist es nach der traumatischen Erfahrung, das Geschehen nachträglich mental und emotional zu verarbeiten:

»Der Verstand war im Erleben selbst aus gutem Grund mehr oder minder ausgeschaltet, konnte vielleicht noch von Ferne wahrnehmen und registrieren, was passiert ist, hatte aber keine Eingriffsmöglichkeit mehr.« (Hantke & Görges, 2012, S. 95)

Die noch nicht verarbeiteten Wahrnehmungen und Tatsachen werden behelfsmäßig eingeordnet, Begründungen, Urteile, Selbstwahrnehmung, Werte und Haltungen müssen neu gefunden werden (Hantke & Görges, 2012, S. 95). Sofern sich das Ereignis nicht objektiv rekonstruieren lässt, ist die Person auf ihre subjektiv konstruierte *Wahrheit* oder Deutung des Geschehens zurückgeworfen. Das Festklammern an der eigenen Deutung, welches die einzig mögliche Erklärung der ungeordneten Erfahrungssegmente darstellt, kann sich aufgrund dissoziierter Anteile unheilsam auswirken. Beispielsweise kann dies zu einer dysfunktionalen Abwehr, etwa in Form einer zu starren Opfer- oder Täteridentifikation, führen. Diese verhindert die Verarbeitung des Erlebnisses, was zur Manifestation des Traumas führt. Die Validierung der subjektiven Wahrheit des Patienten in der Psychotherapie ist deshalb nicht nur das Tor zur Anerkennung seines Leidens, sondern zur Vertrauensbildung in der therapeutischen Beziehung, welche die Durcharbeitung der traumatischen Befindlichkeit erst ermöglicht. Zwischen Wahrheit und Deutung besteht oft ein schmaler Grat. Während die Bewältigung zwischenmenschlicher Traumata die Bannung der Gefahr bzw. des Täters in der äußeren Realität des Patienten bedingt, bleibt eine realitätsgetreue Tatsachenrekonstruktion gegenüber dem subjektiven Narrativ der Innenwelt, welches während der Durcharbeitung besprochen und transformiert wird, oft erst einmal sekundär.

3 Physiologische Aspekte der Traumatisierung

Bei komplexen Traumatisierungen, in denen die Opfer über einen längeren Zeitraum Bedrohungen erleben, ohne auf äußere Hilfe zählen zu können, kommt es oft zu einer mechanischen Einwilligung oder zur resignierten Unterwerfung. Die Erlebnisse sind nicht bewältigbar und müssen dissoziiert werden. Die Handlungs- und Entscheidungsfähigkeit versinken in einem nebulösen Bewusstseinszustand. Dies zeigt sich beispielsweise bei misshandelten oder missbrauchten Kindern und Frauen sowie bei inhaftierten Männern. In solchen Fällen sind die Betroffenen anfällig für permanente physiologische Dysregulation wie extremes Hypo- oder Hyperarousal und/oder physische Immobilität. Die Schwingungsfähigkeit, Selbstfürsorge und Gefühlsregulierung sind in diesem Zustand kaum möglich. Werden diese Reaktionsweisen zur Gewohnheit, werden die Traumatisierten in der Folge oft antriebslos und können auch naheliegende Entscheidungssituationen kaum bewältigen (van der Kolk, 2010, S. 22 f.).

»Viele Traumatisierte lernen zu dissoziieren und bestimmte Anteile abzuspalten: Sie wirken dann möglicherweise die meiste Zeit über kompetent und fokussiert, können aber plötzlich in primitive und unflexible Zustände der Hilflosigkeit und Immobilität verfallen, wenn sie mit Situationen oder Empfindungen konfrontiert werden, die sie an das erlebte Trauma erinnern.« (van der Kolk, 2010, S. 23)

Es gibt viele unterschiedliche Erlebens- und Ausdrucksweisen dieser dissoziativen Zustände. Während Symptome wie gesteigerte Aggressivität in der Regel gut erkennbar sind, sind die Zustände des Erstarrens oftmals verdeckt. Entsprechend schwierig ist es für die Mitmenschen, Anteil zu nehmen. Während die Stressreaktionen von Kampf- und Fluchtverhalten bereits 1932 von Walter Cannon beschrieben wurden, hob Peter Levine, der Entwickler der Therapiemethode des *Somatic Experiencing*, die Bedeutung des Erstarrens (*Freezing*) als relevante Größe beim Phänomen der psychischen Traumatisierung hervor (Levine, 1998, S. 25). Das Erstarren (*Freeze*) ist die Erstreaktion von Säugetieren und Menschen bei Gefahr. Bewegung und Sprechen sind eingefroren, obwohl der Betroffene alarmiert ist. Der erhöhte Herzschlag und die erhöhte Muskelanspannung zeugen von einer Bereitschaft zur Handlung. Erst dann, wenn sich die Gefahrenquelle nähert, werden die Flucht- oder Kampfreaktionen ausgelöst. Wenn keine Reaktionsweise Erfolg hat und die Person der Gefahr hilflos ausgeliefert bleibt, verstärkt sich die körperliche Erstarrungsreaktion. Es kommt zu einer notgedrungenen Unterwerfung, zum Bewusstseinsverlust, der Herzschlag verlangsamt sich und die Körperspannung sinkt (Sieff, 2017, S. 177). Levine beschreibt diese physiologische Reaktionsweise ausgehend von den Erstarrungsreaktionen von Säugetieren wie der Antilope mit dem Totstellreflex. Sobald die vor dem Gepard flüchtende Antilope realisiert, dass das Raubtier sie erwischen wird, fällt sie zu Boden und verfällt instinktiv in den Todstellreflex. Die Bemühungen, zu kämpfen oder zu fliehen, werden angesichts der Unmöglichkeit, das Geschehen zu beeinflussen, eingestellt. Die Antilope kippt in einen veränderten Bewusstseinszustand, in dem sie keinen Schmerz spürt. Gleichzeitig erfüllt die Immobilitätsreaktion den Zweck, dass die Antilope, sofern der Gepard sich sicher weiß und das Tier an einen sicheren Ort schleppt, um beispielsweise später seine Jungen zu nähren, eine Chance hat, in einem unbemerkten Moment aufzuwachen und doch noch zu entkommen.

Während Säugetiere diese Erstarrungsmomente schadlos überstehen können, ist dies für das menschliche System jedoch nicht so einfach möglich. Zu den evolutionären Errungenschaften gehört beim Menschen die Entwicklung des Denkens und der Sprache. Zur Bewältigung von Gefahren dienen uns nicht besonders schnelle Beine wie bei der Antilope, sondern das rationale Überlegen, Einsehen und Planen. Gerade aufgrund der Komplexität des Denkens behindert das menschliche Gehirn jedoch die instinktiven Überlebensreaktionen. Der rationale und der emotionale Teil des Gehirns versuchen, die physische Reaktion einzuordnen oder zu kontrollieren, versagen dabei jedoch gänzlich oder teilweise. Das Geschehen kann vom Bewusstsein nicht integriert werden. Im Moment der Traumatisierung erlebt der Mensch Emotionen wie Panik oder Hilfsbedürftigkeit, bei denen er sich eigentlich den Schutz oder die Hilfe anderer Menschen ersehnt oder aber selbst eine Möglichkeit hat, zu kämpfen oder zu flüchten. Wenn die Emotionen nicht zu einem dieser Auswege führen, wird das Empfindungs- und Handlungssystem irritiert:

> »Nach einmaliger oder mehrmaliger Konfrontation damit, dass ihre Emotionen und ihre automatischen Reaktionsmuster sie nicht wieder in Sicherheit bringen und ihnen Kontrolle über die Situation zurückgeben, verlieren viele traumatisierte Kinder und Erwachsene die Fähigkeit, sich durch ihre Emotionen zu effektivem Handeln geleitet zu lassen. Die Emotionen werden dann zwar

möglicherweise weiterhin aktiviert, doch die Betroffenen sind sich nicht darüber im Klaren, was sie fühlen.« (van der Kolk, 2010, S. 19)

Der beschriebene Zustand, bei dem Gefühle latent aber dissoziiert vorhanden sind, das heißt verschwommen, unklar und unzugänglich vom Bewusstsein abgeschirmt werden, chronifiziert sich bei einer PTBS. Der Zustand ist begleitet von einer konstanten Unsicherheit. Denn sobald ein Trigger die traumatische Erinnerung anstößt, verfällt der Körper erneut in die damals erlebte Stressreaktion und aktiviert die primitiven dissoziativen Überlebensstrategien. Bereits geringe sensorische oder mentale Erinnerungstrigger können Flashbacks hervorrufen, zugleich können Intrusionen ohne konkreten Trigger zu einem inneren Wiedererleben der traumatischen Erinnerung führen. Die physischen Reaktionen können Zittern, Schwitzen, erhöhte Herzfrequenz und Blutdruck, Atemnot oder Schüttelfrost sein. Emotional kann es zu ausgeprägten Gefühlen der Hilflosigkeit kommen, des Orientierungsverlusts, der Gereiztheit oder der gesteigerten Aggressivität, der Erschöpfung und der Niedergeschlagenheit. Auch auf der kognitiven Ebene sind ausgeprägte Reaktionen möglich, wie Sprachschwierigkeiten, Amnesien, Entscheidungsschwierigkeiten oder Konzentrationsproblemen. Das zentrale Nervensystem wird, ausgelöst über einen Erinnerungsreiz, überaktiviert, sodass es zu einem Arousal kommt, bei dem die Wachsamkeit (*Alertness*) und die Reaktionsbereitschaft gesteigert werden. Neben der Reaktionsfähigkeit sind auch die Wahrnehmungsfähigkeit und der Spielraum für soziales Interaktionsverhalten auf die Überlebensfunktionen reduziert, welche je nach aktualtraumatischer Situation Response entweder Flucht, Kampf oder Erstarren bedeuten.

Das Überhandnehmen der physiologischen Reaktionsweise wird als Kontrollverlust erlebt, im Selbsterleben kommt es zu einer Ohnmachtserfahrung. Wie Bohleber (2012, S. 85 f.) beschreibt, »durchschlägt das Trauma den Schutzmantel, den die seelische Bedeutungsstruktur des Menschen bildet«:

»[Das Trauma] wird dem Körper eingeschrieben und wirkt sich unmittelbar auf das organische Substrat seelischen Funktionierens aus. Das Spezifische des Traumas liegt in der Struktur der Wahrnehmungsprozesse und der Affekte sowie in der Erfahrung, dass der psychische Raum durchbrochen und die Symbolisierung zerstört wird. Das traumatische Erleben ist im Kern das eines ›Zuviel‹.« (Bohleber, 2012, S. 86)

Gelingt keine Entgegnung auf das wiederholt einbrechende *Zuviel* des Patienten mittels anhaltender Ich-Stabilisierung und dem Schaffen und Realisierbarmachen eines internalisierten sicheren Raums, lebt der Patient in einem anhaltenden inneren Bedrohungszustand. Die Außenwelt wird durch einen »Schleier der Angst« wahrgenommen, es kommt zu einem latenten Misstrauen gegenüber anderen Menschen, Situationen und Möglichkeiten.

3.1 Bedeutung der Scham

Sieff beschreibt, dass neben der Abspaltung des Körperbewusstseins und der anhaltenden Überwachsamkeit (Hypervigilance) insbesondere das Gefühl der Scham als Reaktion auf die Hilflosigkeit im Moment der Traumatisierung zum Phänomen der innerpsychischen *Trauma-Welten* der Patientinnen und Patienten gehört.

»Shame is a visceral and pervasive feeling of being fundamentally flawed and inadequate as a human being. Shame is primarily relational; although it leaves us feeling absolutely alone, the origins of shame lie in an implicit conviction that we are somehow unworthy of enjoying meaningful relationships (DeYoung, 2015). Shame is often confused with guilt, but with guilt we feel bad about *things we have done*; with shame, we feel bad about *who* we are.« (Sieff, 2017, S. 179 f.)

Das Gefühl der Scham entsteht, weil die Identität des Patienten zutiefst verwoben wird mit dem Gefühl, grundsätzlich unpassend und wertlos für andere zu sein. Das Auftreten von Scham führt zu einer inneren Isolation und Einsamkeit – das Gefühl der eigenen Wertlosigkeit hemmt den Mut für einen Appell auf der zwischenmenschlichen Beziehungsebene. Die Abspaltung des Körpers, der Emotionen und gewisser Aspekte der eigenen Persönlichkeit haben zur Folge, dass wesentliche Anteile der Person ein inneres »Exil-Dasein« fristen (Sieff, 2017, S. 172). Durch die dissoziative Tendenz, Emotionen nicht mehr adäquat wahrnehmen zu können, wird das Gefühl der Scham oftmals mit Schuld verwechselt, weshalb kognitiv die Schuldfrage dominiert und das Beschuldigen oder Sich-schuldig-Fühlen in der Reduktion der Wahrnehmung auf eine Täter-Opfer-Frage die Auseinandersetzung mit dem zugrunde liegenden Schamgefühl verhindert. Durch einen chronifizierten Schutzmechanismus versucht das psychische System, die Erinnerung an dieses verletzliche Gefühl neben der Angst und dem Schmerz zu verhindern. Diese Abwehr geht jedoch oft mit einer mehrfach dysfunktionalen Verhaltensweise einher:

> »Being shame-based poisons not only our relationship with ourselves, but also our relationships with others. Terrified that if others get to know us, they will see us as the inadequate person we believe ourselves to be, we put up barriers, push people away and sabotage relationships. Alternatively, and returning to an earlier theme, we may intensify our efforts to control others, hoping to prevent them from doing anything that could inadvertently expose our shame. […] In short, shame creates more shame. Shame also generates isolation and fear, and reinforces the need to disconnect. Ultimately, shame keeps us locked in trauma-worlds.« (Sieff, 2017, S. 181)

Das Gefühl der Scham führt also oftmals in einen Teufelskreis: Während es einerseits den effektivsten Zugang zur innerpsychischen Trauma-Welt der Patienten ermöglichen würde, wird es andererseits mit einem Bollwerk von Abwehrmechanismen abgeschirmt. Das Aushalten der unerträglichen Scham wird als so schlimm empfunden, dass die Energie der Psyche in die Defensive investiert wird, auch wenn dies bestehende Beziehungen abbricht und zu zwischenmenschlichen Irritationen führt, welche neue Scham auslösen. Therapeutisch ist die Arbeit mit dem Gefühl der Scham umso wertvoller. Wurmser beschreibt, wie die Scham auf die Kluft zwischen dem »wie ich erscheinen möchte« und dem »wie ich wirklich bin« hinweist (Wurmser, 1998, S. 272). Hell bezeichnet die Scham als »Tor zum Selbst« (Hell, 2018).

3.2 Der Körper als Instrument im Prozess der psychischen Wandlung

Anhand der Erkenntnisse über die Dominanz der physiologischen Reaktionsmechanismen und der Einsicht, dass die Abspaltung der Körperwahrnehmung zu diversen Somatisierungen führen kann, hat sich in der Psychotraumatologieforschung die Erkenntnis durchgesetzt, dass sowohl der sprachliche wie der medikamentöse therapeutische Zugang oftmals nur begrenzt funktionieren, und dass diese Methoden sinnvollerweise durch einen körpertherapeutischen oder imaginativen Zugang ergänzt werden. Die Trauma-therapeutische Methode des *Eye Movement Desensitization and Reprocessing* (EMDR) basiert etwa auf der Annahme, dass die emotionale Belastung über physische und sensorische Stimuli positiv beeinflusst werden kann. Die amerikanische Psychologin Francine Shapiro entdeckte die Wirksamkeit von Augenbewegungen auf belastende Gedanken und Erinnerungen zufällig. Sie stellte fest, dass ihre belastenden Gedanken an die eigene Krebserkrankung abnahmen, wenn sie spontan ihre Augen rhythmisch nach rechts und links bewegte. Bei der systematischen Untersuchung dieses Effekts stellte sie fest, dass Augenbewegungen, aber auch akustische oder sensorische Stimulation ähnlich entlastende Wirkungen zeigten und dass diese in der Behandlung schwer traumatisierter Menschen effektiv angewandt werden konnten (Hofmann & Barre, 2014, S. 29 f.) Die Bedeutung des Einbezugs körperlicher Empfindungen und Reaktionsmuster erlangte durch solche Erkenntnisse vermehrt Beachtung. Van der Kolk beschreibt, dass traumatische Eindrücke der Vergangenheit über bewusste physische Erfahrungen transformiert werden können, welche den Zustand der Hilflosigkeit, der Wut oder des Zusammenbruchs kontrastieren. Die Gefühle lassen sich durch Bewegung und Körpertechniken beeinflussen und verändern. Entsprechend können letztere als Instrument zur Orchestrierung des Gefühlsorchesters genutzt werden.

> »The challenge is: How can people gain control over the residues of past trauma and return to being masters of their own ship? Talking, understanding, and human connections help, and drugs can dampen hyperactive alarm systems. But we will also see that the imprints from the past can be transformed by having physical experiences that directly contradict the helplessness, rage, and collapse that are part of trauma, and thereby regaining self-mastery.« (van der Kolk, 2015, S. 4)

Ziel der physischen Übungen ist es, ein Gefühl der Selbstermächtigung und der ruhigen, integrierten Situationskontrolle erlebbar zu machen. Mit dem physisch verankerten Gefühl der aktiven Überwindung (beispielsweise bei Selbstberuhigung durch die Regulierung der Atemfrequenz) gelingt es dem

3.2 Der Körper als Instrument im Prozess der psychischen Wandlung

Patienten besser, einen inneren sicheren Ort zu imaginieren und ein Gefühl der inneren Sicherheit zu finden und aufrecht zu erhalten. In der Interaktion mit dem Therapeuten sind die Erfahrung der verlässlichen therapeutischen Beziehung, jedoch auch der Miteinbezug der psychosomatischen Symptomatik, das Verstehen und Wahrnehmung der Zusammenhänge zwischen Körper und Seele, die aktive Transformation des Zustands von einem passiven, stagnierten Erleiden hin zu einer aktiven, selbstwirksamen Überwindung zentrale Elemente. Die Überwindung eines psychischen Zustands, der unüberwindbar festgefahren scheint, benennt bereits Jung als Ziel der Psychotherapie mit jedem Patienten:

>»Die Wirkung, auf die ich hinziele, ist die Hervorbringung eines seelischen Zustandes, in welchem mein Patient anfängt, mit seinem Wesen zu experimentieren, wo nichts mehr für immer gegeben und hoffnungslos versteinert ist, ein Zustand der Flüssigkeit, der Veränderung und des Werdens.« (Jung, GW Bd. 16, § 99)

Wie van der Kolk weist Jung darauf hin, dass die relative Stabilisierung der Psyche innere Flexibilität und Veränderung ermöglicht. Dieser Zustand kann neben der Interaktion des Patienten mit dem Arzt beispielsweise über die Technik des Malens von Gefühlszuständen oder über die körperliche und imaginative Selbsterfahrung erreicht und vertieft werden. Jung beschreibt die prozessorientierte, nicht-invasive Annäherung an die innerpsychischen Erfahrungen über das Malen mit Pinsel und Stift in der Gegenwart des Arztes als stabilisierende Selbstwirksamkeitserfahrung, als durch den psychophysischen Akt angestoßenen Zentrierungsvorgang.

>»Warum veranlasse ich überhaupt die Patienten, sich in einem gewissen Entwicklungsstadium durch Pinsel, Stift oder Feder auszudrücken? – Auch dies geschieht in erster Linie, um Wirkung zu erzeugen. In dem vorhin geschilderten psychologischen Kindheitszustand bleibt der Patient passiv. Hier nun geht er in die Aktivität über. Zunächst stellt er passiv Geschautes dar, er lässt es dadurch zu seiner eigenen Tat werden. Er spricht nicht nur davon, sondern tut es auch. Psychologisch macht es einen gewaltigen Unterschied aus, ob einer einige Male pro Woche ein interessantes Gespräch mit seinem Arzt führt, dessen Ergebnis irgendwo in der Luft hängt, oder ob er stundenlang mit widerspenstigen Pinseln und Farben sich müht, um etwas, oberflächlich betrachtet, völlig Sinnloses zustande zu bringen. [...] Und es gehen nun auch tatsächlich Wirkungen von diesen selbstgefertigten Bildern aus, Wirkungen, die allerdings schwer zu beschreiben sind. [...] Damit ist etwas Unschätzbares gewonnen, nämlich ein Ansatz zur

3 Physiologische Aspekte der Traumatisierung

Unabhängigkeit, ein Übergang zur psychologischen Erwachsenheit. [...] Denn was er malt, sind wirkende Phantasien. Und was in ihm wirkt, das ist er selbst, aber nicht mehr im Sinn des frühen Missverständnisses, wo er sein persönliches Ich für sein Selbst hielt, sondern in einem neuen, ihm bisher fremden Sinn, wo sein Ich als Objekt des in ihm Wirkenden erscheint. [...] Ich kann unmöglich schildern, welche Veränderungen der Standpunkte und Werte, welche Verschiebungen des Gravitationszentrums der Persönlichkeit dadurch zustande kommen. Es ist, wie wenn die Erde die Sonne als Zentrum der Planetenbahnen und ihrer eigenen Bahn entdeckt hätte.« (Jung, Bd. 16, §§ 105–107)

Jung beschreibt eine Integration der Persönlichkeit, die über die emotionale und physische Erfahrung auf eine Weise wirkt, die rein über das verbale Gespräch nicht in derselben Tiefe erreicht wird. Diese Einsicht ist insbesondere mit Patienten, die eine Dissoziationsneigung haben, wichtig. Die Zentrierung, welche über das Malen erreicht wird, kann einerseits innerpsychisch stabilisierend wirken, andererseits ermöglicht die Zeichnung als Drittes zwischen Patient und Therapeut einen gleichwertigen Deutungszugang. Die Ermächtigung zum kreativen Experimentieren mit den eigenen Ressourcen ist für Patienten im Allgemeinen, besonders jedoch für Patienten im Zustand der schweren Traumatisierung, welche von sich selbst unbewusst die anhaltende Aufrechterhaltung des Überlebensmodus verlangen, schwer zu erreichen. Sie haben sich an die ständige innere Alarmiertheit (*Alertness*) und Bereitschaft, bei Gefahrensignalen in die Funktionsweisen des Reptiliengehirns (Flucht, Kampf oder Erstarrung) zurückzufallen, gewöhnt. Sich auf körperlich entspannende Techniken einzulassen, braucht oftmals große Überwindung.

3.3 Medusa: Mythologische Trauma-Metapher

Zur Verbildlichung der bannenden Kraft, aber auch der Überwindung des Traumas mittels der körperlichen Empfindungen wählte Levine den Mythos der Medusa. Gemäß diesem Mythos wird Perseus von seinem Stiefvater Polydektes losgeschickt, um das schreckliche Zauberhaupt der Medusa abzuschlagen. Medusa ist die Tochter des Meeresgottes Phorkys

3.3 Medusa: Mythologische Trauma-Metapher

und seiner Schwester Keto, die eine Reihe von schrecklichen Ungeheuern hervorbrachten. Sie ist eine von drei Gorgonen-Schwestern, als einzige jedoch von sterblicher Natur. Ursprünglich von wunderbarer Gestalt hatte Poseidon Gefallen an ihr gefunden und sie zum Beischlaf gezwungen. Als Pallas Athene die beiden in ihrem Tempel überraschte, verfluchte sie Medusa in ihrem Zorn. Sie verzauberte sie in ein grässliches Ungeheuer mit Schlangenhaaren, heraushängender Zunge, Eberzähnen und allerlei weiteren grauenerregenden Attributen. Jeder sollte fortan beim Anblick dieses grässlichen Ungeheuers zu Stein erstarren. Nach vielen gescheiterten Versuchen schafft es der junge Perseus, die Medusa zu bezwingen und ihr das Haupt abzuschlagen: Perseus erhielt von Hermes eine scharfe, geschmiedete Sichel. Im Schlaf überrascht er Medusa. Darauf bedacht, ihr nicht direkt ins Gesicht zu schauen und dabei zu erstarren, beobachtet er sie über die Spiegelung seines Schwertes. Es gelingt ihm so, ihr den Kopf abzuhacken und ihn ohne hinzusehen in seiner Tasche zu verstecken. Er musste durch eine Aktivierung seiner imaginativen und relationalen Ressourcen den instinktiven Reflex des Hinschauens (und Erstarrens) ausspielen, indem er seine Herangehensweise vorgängig reflektierte und seine Fähigkeiten und Reaktionsweisen bewusst erweiterte und transformierte. Bei der Enthauptung entspringen dem Körper Medusas einerseits Pegasus, mit dem sie von Poseidon schwanger war, andererseits Chrysaor, ein Krieger mit goldenem Schwert (Kerényi, 2014, S. 47 f.; Richter & Ulrich, 1996, S. 198 f.; Schwab, 1991, S. 33 f.). Medusa repräsentiert für Levine das Trauma, welches die Person bei direkter Konfrontation verängstigt und erstarren lässt. Nur über die Spiegelung, über die Reflexion und Überwindung der instinktiven körperlichen Reaktionen vor dem Trauma, gelingt es dem Betroffen, das Trauma zu überwinden. Das Zusammenspiel instinktiver, emotionaler und rationaler Kompetenzen ermöglicht im übertragenen Sinn die Überwindung der Angst und des Traumas. Bei der Bewältigung werden neue, bisher gebundene Kräfte freigesetzt. Der Krieger mit dem Schwert symbolisiert die wiedergewonnene Handlungsfähigkeit und Autonomie, die entschiedene Tatkraft und Vitalität. Pegasus ist ein Symbol für geistige Freiheit und poetische Inspiration. Levine interpretiert:

»Das Schwert symbolisiert die absolute Wahrheit, die machtvollste Waffe mythischer Krieger. Es vermittelt eine Atmosphäre der Klarheit und des Triumphs, der

Unerschütterlichkeit angesichts aussergewöhnlicher Herausforderungen. Es ermöglicht den Zugang zu den besten Ressourcen. Da das Pferd Instinkt und Körper repräsentiert, stellt das geflügelte Pferd eine Transformation durch Verkörperung dar. Das geflügelte Pferd und das goldene Schwert sind zusammen das glückverheissende Symbol für die Ressourcen, die Traumatisierte entdecken, indem sie ihre eigene Medusa bezwingen.« (Levine, 1998, S. 73 f.)

Ursula Wirz, welche die mythologische und spirituelle Dimension traumatischer Erfahrungen aus analytischer Sicht beschreibt, sieht den Mythos der Medusa auch als Beispiel für die paradoxe Funktion des Traumas, »zu vernichten und zu heilen« (Wirz, 2018, S. 17). Mythen wie derjenige der Medusa vermitteln uns in symbolischer Sprache, dass die Thematik der Traumatisierung und ihrer Überwindung seit dem Beginn der Geschichte zur menschlichen Existenz gehört. Diese Gewissheit bettet die traumatische Erfahrung der Einzelperson ein im Feld des narrativ tradierten psychologischen Wissens über das Leben an sich. Damit möchte ich zum historischen Teil des Buches übergehen. In demselben stehen die unterschiedlichen Betrachtungsweisen zum Thema Traumatisierung aus dem Blickwinkel der Psychoanalyse im Zentrum.

4 Der Begriff Trauma im Wandel der Zeit

Die Auseinandersetzung in diesem Kapitel beginnt mit der historischen Rekonstruktion des Trauma-Begriffs seit Beginn der Psychoanalyse. Vor dem Hintergrund dieser historisch abgestützten Darstellung werden jüngere psychoanalytische Theorien zur Psychotraumatologie diskutiert. Ein spezifischer Fokus liegt anschließend auf dem Verhältnis zwischen der Analytischen Psychologie nach C.G. Jung und dem heutigen Stand der Psychotraumatologie. Unter der Annahme einer weitreichenden Komplementarität beider Ansätze werden im zweiten Teil körpertherapeutische Interventionen anwendungsorientiert diskutiert.

4.1 Im Kontext von Hysterie und Kriegsneurose: Ursprünge des Trauma-Begriffs in der Psychiatrie und in der frühen freudianischen Psychoanalyse

Die Frage nach der Funktionsweise und Evolution des menschlichen Gehirns beschäftigte gegen Ende des 19. Jahrhunderts verstärkt die Forschung. Auf den Spuren von Darwins Evolutionstheorie nahmen anthropologische und neurowissenschaftliche Studien zu. Zu den Pionieren in Frankreich und Deutschland gehören Jean-Martin Charcot, Pierre Janet und Sigmund Freud. Im Versuch, das Phänomen der Hysterie zu verstehen, entdeckten sie, dass unbewältigte Erinnerungen und Traumata sich immer wieder ins

Bewusstsein drängten und gekoppelt an die verdrängte Leiderfahrung im hysterischen Ausbruch wiedererlebt wurden. In Frankreich entdeckte Charcot, dass im Körper gespeicherte Erinnerungen und das Fehlen einer sprachlichen Ausdrucksfähigkeit die Symptomatik der Hysterie prägten. Ausgehend von den Erkenntnissen Charcots beschreibt Janet – der als erst 11-jähriger Junge die Belagerung von Paris und im Laufe seines Lebens beide Weltkriege erlebte – als junger Psychiater die psychische Dynamik von vehementen Emotionen oder einem intensiven emotionalen Erregungszustand bei Traumatisierten in seiner Dissertation *L'Automatisme Psychologique* (Janet, 1889). Im Rahmen des Versuchs, seine Patienten zu therapieren, dokumentierte er die Tendenz traumatisierter Patienten, bestimmte Handlungen, Gefühlszustände und Empfindungen, die an das traumatische Erleben gebunden sind, wiederzuerleben. Er unterscheidet zwischen dem narrativen Gedächtnis, den Erzählungen der Patienten über das Trauma und den verkörperten traumatischen Erinnerungen selbst (van der Kolk, 2015, S. 177). Die Persönlichkeit beschreibt er als Struktur, die aus verschiedenen Teilsystemen besteht. Dissoziation versteht er als Spaltung zwischen diesen Systemen von Ideen und Funktionen, welche das Ganze der Persönlichkeit ausmachen (van der Hart et al., 2008, S. 17). Janet pragte den psychopathologischen Begriff der Dissoziation in der Psychiatrie und deutet sie als Symptom und Folge der Überforderung des Bewusstseins bei der Verarbeitung überwältigender traumatischer Erlebnisse. Er beschreibt, dass traumatische Erlebnisse, die sprachlich nicht ausgedrückt werden können, über Bilder, körperliche Reaktionen und Verhaltensänderungen zum Ausdruck kommen. Dass sich die traumatische Reaktionsweise über verschiedene psychische und physische Ebenen ausdrückt, begründet Janet damit, dass die Psyche eine Ganzheit ist, in der die verschiedenen Teilsysteme untereinander und jedes Teilsystem auch mit dem Gesamtsystem in Beziehung stehen (van der Hart et al., 2008, S. 17). Die dynamische Gesamtstruktur der Psyche wird bei Dissoziationen beeinträchtigt, die verschiedenen Teilsysteme verändern ihre Relation und Funktionsweise. Die Funktionsveränderung unterbricht bisherige Beziehungen zwischen den neuropsychologischen Teilsystemen und Prozessen. Wenn die Dissoziation nicht überwunden wird, bleibt die Trennung der Teilsysteme bestehen. Als Folge der Trauma-bezogenen Dissoziation kommt es zu zwei oder mehr sich selbst organisierender Systeme, welche nicht in die

Gesamtpersönlichkeit integriert werden können. Aus diesen Anteilen entwickeln sich die dissoziierten Ich-Zustände (Peichl, 2015, S. 3). Das Verständnis der Psyche als Ganzheit bestehend aus einer Ansammlung von zusammenhängenden Prozessen wird mit der gegenwärtigen Forschung bestätigt: »Man kann das System Persönlichkeit auch als aus verschiedenen psychobiologischen Zuständen oder Subsystemen bestehend verstehen, die auf kohäsive Weise und koordiniert ihre Funktion erfüllen« (van der Hart et al., 2008, S. 17). Fischer und Riedesser beschreiben: »Der ›unaussprechliche Schrecken‹, den das Trauma hinterlässt, entzieht sich den höheren kognitiven Organisationsebenen, hinterlässt aber seine Spuren auf elementaren, semiotisch niedrigeren Repräsentationsebenen« (Fischer & Riedesser, 2009, S. 37). Fischer und Riedesser definieren ein Trauma entsprechend als Erlebnis und postulieren ein Verlaufsmodell psychischer Traumatisierung. Unterschieden wird zwischen Momenten der traumatischen Situation, der (post-)expositorischen Reaktion und dem traumatischen Prozess. Aufgrund der »subjektiven Erlebnisse« und der »objektiv eruierbaren traumatischen Situation« kann ein Trauma-Schema analysiert werden:

> »Die Analyse traumatischer Situationen muss neben den traumatogenen Situationsfaktoren und ihrem objektiven Zusammenwirken das *Zentrale Traumatische Situationsschema* berücksichtigen, das sich aus der Verzahnung von objektiven Gegebenheiten und subjektiver Bedeutungszuschreibung und auf dem Hintergrund der persönlichen Lebensgeschichte bildet. Um diesen Punkt einer *maximalen Interferenz* von Situationsfaktoren und persönlicher Situationsdeutung bildet sich das *Traumaschema* aus. Es ist durch eine systematische Diskrepanz von Wahrnehmung und Handlung, von rezeptorischer und effektorischer Sphäre bestimmt und folgt einer Tendenz zur Wiederaufnahme und Vollendung der unterbrochenen Handlung (Wiederholungszwang).« (Fischer & Riedesser, 2009, S. 141–142)

Der Regulationsverlust während der traumatischen Situation wird im Trauma-Schema gespiegelt und verzerrt die Selbst- und Fremdwahrnehmung der traumatisierten Person. Dadurch kann eine dysfunktionale Spirale von der Selbstentwertung bis zur Selbstvernichtung entstehen (Fischer & Riedesser, 2009, S. 142). Van der Kolk konnte nachweisen, dass unter traumatischem Stress das traumatische Erleben in Fragmente aufgesplittert und nicht psychisch verarbeitet, symbolisiert und sprachlich enkodiert werden können. In nicht-dissoziierten Zuständen erleben wir die Ereignisse, die in uns und um uns herum stattfinden, beinahe simultan in der Verhaltensdimension, im Affektempfinden, in Form von sensorischen Körperwahrnehmungen und mit einer bewusstseinsnahen kognitiven Wahrnehmung. Im Moment der Dissoziation werden diese Elemente einzeln oder als Ganzes vom Bewusstsein abgespalten. Entsprechend lassen sich Dissoziationen als Störung der Kontinuität der Erfahrung und als Störung der Integration des Selbst beschreiben (Peichl, 2015, S. 33).

4.2 Dissoziation – Kernkonzept der Psychotraumatologie

Das Konzept der Dissoziation ist seit den frühesten Studien für das Verständnis des Phänomens der Traumatisierungen unabdingbar (van der Hart et al., 2008, S. 17). Dissoziation und Verdrängung verursachen die Unfähigkeit, sich an traumatische Situationen oder die damit einhergehenden Affekte zu erinnern (van der Hart et al., 2008, S. 18). Als Störungsbild können Dissoziationen unterschiedliche Formen annehmen. Nach Eckehardt-Henn reichen sie von der teilweisen bis zur völligen Desintegration psychischer Funktionen, wie der Erinnerungsfunktion, des Identitätsbewusstseins sowie der Selbst- und Weltwahrnehmung. Hierbei sind dissoziative Phänomene nicht per se pathologischer Natur:

> »Die Dissoziation umfasst ein Spektrum, das von normalpsychologischen dissoziativen Phänomenen, die in Übermüdungs- und Stresssituationen vorkommen, über Trancezustände, die bewusst intendiert werden, bis hin zu den eigentlichen psychopathologischen Phänomenen reicht.« (Eckehardt-Henn zit. n. Barwinski, 2011, S. 20)

Der Begriff der Dissoziation ist komplex und wird unterschiedlich definiert. Im Bereich der psychodynamischen Psychopathologie wird Dissoziation sowohl als Bewusstseinszustand wie als psychische Abwehrfunktion verstanden. Als Bewusstseinszustand beschreibt sie das Kontinuum zwischen

4.2 Dissoziation – Kernkonzept der Psychotraumatologie

momentanen und länger anhaltenden Zuständen oder Ausbrüchen, in denen die psychischen Funktionen (Wahrnehmung, Ideen, Gefühle, Handlungen etc.) auseinanderfallen und die Person nicht mehr angemessen reagieren oder auf die Umwelt Bezug nehmen kann. Verschiedene psychische Prozesse laufen unverbunden nebeneinander ab (Eckehardt-Henn zit. n. Barwinski, 2011, S. 20). Chronifizierte Dissoziationen führen als chronifizierte Abwehr- bzw. Schutzmechanismen zu Persönlichkeitsveränderungen, zu strukturellen Dissoziationen und anhaltenden Veränderungen von Handlungssystemen, Scripts und Gefühlsreaktionen (z. B. Viktimisierung oder Verzerrung von Raum-Zeit-Wahrnehmungen wie von van der Hart, Nijenhuis und Steele (2008) oder Fischer und Riedesser (2009) beschrieben.

Bei der Dissoziation als psychische Abwehrfunktion ist gemäß Barwinski die Unterscheidung von *Verdrängung* und *Spaltung* zentral. Bei der *Verdrängung* sind Erfahrungsinhalte, welche früher in der Psyche repräsentiert oder symbolisiert wurden, mit traumatischen Inhalten verknüpft und werden verdrängt, weil die Konfrontation damit zu schmerzhaft wäre. In der Therapie können verdrängte Inhalte durch verbale Beschreibungen der Inhalte in der Regel integriert werden. Dissoziation als Verdrängung zeigt sich beispielsweise im Wechsel von Verleugnung und Intrusion bei der Verarbeitung traumatischer Erlebnisse. Bei der *Spaltung* hingegen wurden bestimmte Erfahrungen in der Psyche noch nie repräsentiert bzw. verknüpft. Sie sind lediglich als Körpersymptome, z. B. als Panikgefühle, verfügbar. Die innere und die äußere Realität können nicht vermittelt werden, was Freud in letzter Konsequenz als psychotische Einstellung bezeichnete. Der Prozess der Symbolisierung muss hier nachgeholt werden. Beispiele für Abspaltungen sind Frühstörungen oder Traumatisierungen im präsymbolischen Bereich. Hier kann das kognitive Verständnis nur begrenzt zur Überwindung der Spaltung beitragen. Kreative, imaginative und körpertherapeutische Zugänge sind besser geeignet, um präsymbolische Repräsentationen auszudrücken und zu integrieren (Barwinski, 2011; Barwinski & Holderegger, 2016).

Es ist eindrücklich, wie deutlich Janets Auffassung vom Phänomen der Dissoziation durch die aktuellen neuropsychologischen Forschungserkenntnisse bestätigt wird. Seine Auffassung, dass dissoziative Mechanismen dazu führen, dass die unterschiedlichen Bewusstseinszustände und Anteile der Person als verselbstständigte Teilpersönlichkeiten auftreten können, wird nicht nur von der Komplextheorie, sondern auch von der gegenwärtigen Theorie der strukturellen Dissoziation aufgenommen und differenziert revidiert (van der Hart et al., 2008). Van der Hart et al. bestätigen, dass die Organisation des psychophysischen Systems, welches aus verschiedenen Teilsystemen besteht, bei der Dissoziation gestört wird. Verschiedene Hauptgruppen von psychischen Teilsystemen, die miteinander in Wechselwirkung stehen und das Ganze der Persönlichkeit bilden, formieren sich im Laufe der individuellen Entwicklung. Die verschiedenen Hauptgruppen psychischer Teilsysteme sind unterschiedlich differenziert. Die bereits frühkindlich vorhandenen Handlungssysteme steuern beispielsweise instinktiv die Annäherung an attraktive Reize, wie Nahrung oder Gesellschaft, oder sind auf die Vermeidung von oder die Flucht vor aversiven Reizen bei Gefahr ausgerichtet. Unterschieden von diesen Handlungssystemen werden Handlungstendenzen, welche in einer bereits individuell differenzierten Handlungsweise oder einem Handlungszyklus münden. Diese Handlungszyklen stellen Adaptionsstrategien dar, welche nicht rein genetisch gesteuert sind, sondern komplexe mentale und behaviorale Prozesse voraussetzen. Damit diese Handlungsweisen entwickelt werden können, braucht es adäquate äußere Stimulation durch Bezugspersonen.

Die von den Erfahrungen und Fähigkeiten des Individuums geprägte Organisation der Persönlichkeit weist bestimmte entwicklungsbedingt vorbelastete Sollbruchstellen in der Persönlichkeitsstruktur auf, die bei Traumatisierungen einbrechen. Ausgehend von diesen Überlegungen sprechen van der Hart et al. von »struktureller Dissoziation« (van der Hart et al., 2008, S. 18). Bei traumatisierten Menschen musste eine stark emotionalisierte Erfahrung oder Handlungssequenz dauerhaft als Anteil dissoziiert werden, der dann weiterhin unbewusst beispielsweise auf die Reaktion mittels Flucht, Kampf oder Hypervigilanz fixiert ist. Andere Anteile, welche die Anscheinend-normale-Persönlichkeit steuern, versuchen das Alltagsleben über Handlungssysteme wie Bindung, Fürsorge oder Erforschung zu organisieren. Dieser Prozess geschieht jedoch unverbunden mit dem traumatischen Reaktionsmechanismus, der latent (vergleichbar mit einem freien Radikal) weiter existiert. Die Anteile der Anscheinend-normalen-Persönlichkeit wollen die Erinnerung an die traumatischen Reize unbedingt vermeiden. Wenn der traumatische, emotionale Anteil getriggert wird, kommt es zu desintegrierten und unkontrollierbaren Reaktionen, welche beispielsweise dazu führen, dass die von der Anscheinend-normalen-Persönlichkeit aufgebauten Alltagsbeziehungen im Affekt zerstört werden (van der Hart et al., 2008, S. 18 f.).

4.3 Freud: Dissoziation als Abwehr

Während Jung den Begriff der Dissoziation im Sinne Janets als Ursache der Neurosenbildung übernimmt und seine Komplextheorie daraus entwickelt, wendet Freud sich verstärkt dem Konzept der Abwehr zu. Mit dem Konzept der Verdrängung als Abwehrmechanismus sieht Freud Dissoziation nicht nur als eine unbewusste Überforderung, sondern auch als ein aktives, bewusstes Fernhalten unangenehmer oder unerträglicher Erinnerungen (Fischer & Riedesser, 2009, S. 38). Freud besucht Charcot 1885 in Frankreich und rühmt diesen in seinem Nachruf dafür, dass er die rätselhafteste und belächelte Nervenkrankheit der Hysterie ernstgenommen habe und durch seine Forschung nachgewiesen habe, dass dem Leiden der Hysterikerin ein Trauma in der Lebensgeschichte zugrunde liegt:

»Er [Charcot] erklärte nun, die Lehre von den organischen Nervenkrankheiten sei vorderhand ziemlich abgeschlossen, und begann sein Interesse fast ausschliesslich der Hysterie zuzuwenden, die so mit einem Schlage in den Brennpunkt der allgemeinen Aufmerksamkeit gelangte. Diese rätselhafteste aller Nervenkrankheiten, für deren Beurteilung die Ärzte noch keinen tauglichen Gesichtspunkt gefunden hatten, war gerade damals recht in Misskredit geraten, der sich sowohl auf die Kranken als auf die Ärzte erstreckte, die sich mit der Neurose beschäftigten. Es hiess, bei der Hysterie ist alles möglich, und den Hysterischen wollte man nichts glauben. Die Arbeit Charcots gab dem Thema zunächst seine Würde wieder; man gewöhnte sich allmählich das höhnische Lächeln ab, auf das die Kranke damals sicher rechnen konnte; sie musste nicht mehr eine Simulantin sein, da Charcot mit seiner vollen Autorität für die Echtheit und Objektivität der hysterischen Phänomene eintrat. […] Für einen ganz unbefangenen Beobachter hätte sich folgende Anknüpfung dargeboten: Wenn ich einen Menschen in einem Zustande finde, der alle Zeichen eines schmerzhaften Affekts an sich trägt, im Weinen, Schreien, Toben, so liegt mir der Schluss nahe, einen seelischen Vorgang in diesem Menschen zu vermuten, dessen berechtigte Äusserung jene körperlichen Phänomene sind. Der Gesunde wäre dann imstande mitzuteilen, welcher Eindruck ihn peinigt, der Hysterische würde antworten, er wisse es nicht, und das Problem wäre sofort gegeben, woher es komme, dass der Hysterische einem Affekt unterliegt, von dessen Veranlassung er nichts zu wissen behauptet. Hält man nun an seinem Schlusse fest, dass ein entsprechender psychischer Vorgang vorhanden sein müsse, […] so drängt dies alles zur Lösung, dass der Kranke sich in einem besonderen Seelenzustande befinde, in dem das Band des Zusammenhanges nicht mehr alle Eindrücke oder Erinnerungen an solche umschlinge, in dem sei einer Erinnerung möglich sei, ihren Affekt durch körperliche Phänomene zu äussern, ohne dass die Gruppe der anderen seelischen Vorgänge, das Ich, darum wisse oder hindernd eingreifen könne, und die Erinnerung an die allbekannte psychologische Verschiedenheit von Schlaf und Wachen hätte das Fremdartige dieser Annahme verringern können.« (Freud, 1893, S. 30–31)

Freud bringt die Beschreibung des hysterischen Affektausbruchs in Zusammenhang mit der physischen Reaktion, die nicht durch andere seelische Vorgänge kontrollierbar ist, also einer dissoziativen Erscheinung entspricht. Die Symptomatik der Hysterie ist derjenigen einer komplexen PTBS aus der heutigen Sichtweise ähnlich. Die Funktion der Dissoziation als Abwehr oder Schutzmechanismus bei überwältigenden emotionalen Zuständen, der zugleich zu neurotischen oder physischen Reaktionen und Konfusionen beiträgt, unterliegt meist einem starken Automatismus, welcher der Person selbst nicht bewusst ist. Solange diese Dynamik unbewusst verläuft, versagt auch die Bewusstseinskontrolle.

Aufgrund der Unberechenbarkeit der Affektausbrüche und der Unfähigkeit der Hysteriker, ihre Leidensursache und Wahrnehmung zu versprachlichen, kam es zunächst zu einer Stigmatisierung. Das Verhalten galt als irrational. Ähnliches sollte sich im Zusammenhang mit den sogenannten *Kriegszitterern* den Soldaten mit Anzeichen einer PTBS im 1. Weltkrieg, wiederholen, deren *Kriegsmüdigkeit* oftmals als Feigheit und Schwächlichkeit gedeutet und mit der Bestrafung durch Fronteinsätze bestraft wurde (Jones, 2012). Dass sich die körperliche Reaktion der Patienten verselbstständigt und fern von jeglicher Bewusstseinskontrolle vor sich geht, überstieg lange Zeit das Vorstellungsvermögen der Theoretiker.

Noch vor dem 1. Weltkrieg, der zumindest kurzfristig zu einem Aufschwung der Kriegsneurosenforschung führte, verfasst der frühe Freud seine Sexualtheorie und vermutet, dass *sexuelle Kindheitstraumata* die Ursache für die Neurosenbildung sein müssen. Breuer vertrat die Auffassung, dass die hysterische Symptomatik auch nach harmlosen, leichten Verletzungen auftreten könne, sofern die Person in einer besonderen psychischen Verfassung sei. Dispositionelle Faktoren wie die Vulnerabilität wurden damit bereits von Breuer für die Deutung der Krankheitsgenese in Erwägung gezogen. Freud selbst distanziert sich jedoch von dieser Annahme.[3]

Für Freud steht in seinen frühen Schriften letztlich hinter jeder Hysterie ein reales sexuelles Kindheitstrauma:

»Das wichtigste Ergebnis aber, auf welches man bei solcher konsequenten Verfolgung der Analyse stösst, ist dieses: Von welchem Fall und von welchem Symptom immer man seinen Ausgang genommen hat, endlich gelangt man unfehlbar auf das Gebiet des sexuellen Erlebens. Hiermit wäre also zuerst eine ätiologische Bedingung hysterischer Symptome aufgedeckt. [...] Sexuelle Erfahrungen der Kindheit, die in Reizungen der Genitalien, koitusähnlichen Handlungen usw. bestehen, sollen also in letzter Analyse als jene Traumata anerkannt werden, von denen die hysterische Reaktion gegen Pubertätserlebnisse und die Entwicklung hysterischer Symptome ausgeht.« (Freud, 1896, S. 442)

Freud geht bei seiner Theorie der sexuellen Kindheitstraumata bzw. der Verführungstheorie nicht von einer einfachen monokausalen, sondern von einer komplexen Funktionsweise des psychischen Apparats aus. Mit dem Konzept der *Nachträglichkeit* spielen nicht nur das reale Erlebnis, sondern auch assoziativ geweckte Erinnerungen an frühere Erlebnisse eine Rolle beim Krankheitsbild. Mit der Theorie des Ödipuskomplexes gab Freud schließlich die Theorie der realen sexuellen Kindheitstraumata auf und ging

---

3 »Ich bemerke hier nebenbei, dass Breuers Auffassung von der Entstehung hysterischer Symptome durch die Auffindung traumatischer Szenen, die an sich bedeutungslosen Erlebnissen entsprechen, nicht gestört worden ist. Breuer nahm nämlich – im Anschlusse an Charcot – an, dass auch ein harmloses Erlebnis zum Trauma erhoben werden und determinierende Kraft entfalten kann, wenn es die Person in einer besonderen psychischen Verfassung, im sogenannten hypnoiden Zustand, betrifft. Allein ich finde, dass zur Voraussetzung solcher hypnoider Zustände oftmals jeder Anhalt fehlt. Entscheidend bleibt, dass die Lehre von den hypnoiden Zuständen nichts zur Lösung der anderen Schwierigkeiten leistet, dass nämlich den traumatischen Szenen so häufig die determinierende Eignung abgeht.« (Freud, 1896, S. 429–30)

fortwährend davon aus, dass ein erblicher, konstitutioneller Faktor erklären sollte, warum gewisse Menschen durch den Konflikt zwischen dem infantilen sexuellen Trieb und dem daraus entstandenen Ödipuskomplex neurotisch werden. Hirsch kritisiert, dass Freud durch den Ersatz des ätiologischen Faktors der Verführung mit dem spekulativen konstitutionellen Faktor die Beziehungsdimension in der Neurosenentstehung zugunsten der intrapsychischen Erklärung weitgehend aufgab.

In der Auseinandersetzung mit dem Phänomen der Kriegsneurosen des 1. Weltkriegs spezifiziert Freud den Begriff der traumatischen Neurose in Abgrenzung von der Hysterie. Der Begriff der traumatischen Neurose, bisher verstanden als Folge von »schweren mechanischen Erschütterungen, Eisenbahnzusammenstössen oder anderen, mit Lebensgefahr verbundenen Unfällen« wird nun auch im Zustandsbild der Kriegsversehrten identifiziert (Freud, 1923, S. 9):

> »Das Zustandsbild der traumatischen Neurose nähert sich der Hysterie durch seinen Reichtum an ähnlichen motorischen Symptomen, übertrifft diese aber in der Regel durch die stark ausgebildeten Anzeichen subjektiven Leidens, etwa wie bei einer Hypochondrie oder Melancholie, und durch die Beweise einer weit umfassenderen allgemeinen Schwächung und Zerrüttung der seelischen Leistungen.« (Freud, 1923, S. 9–10)

Freud erkennt in den körperlichen Symptomen einen Zusammenhang zwischen Hysterie und Kriegsneurose, der vor dem Hintergrund der heutigen Unterscheidung zwischen der PTBS und komplexen Traumatisierungen einleuchtet. Während er eingesteht, dass weder für die traumatischen Neurosen des Friedens noch des Krieges ein vollständiges Verständnis vorhanden sei, sieht er bei der Kriegsneurose den Schreckmoment, den Erlebnisschock (nicht primär die Angst) als Auslöser der Traumatisierung. Er entwickelt die These, dass Angst einen Schutz vor einer Schreckneurose darstellen kann. Durch eine Durchbrechung des Reizschutzes der Psyche wird diese überschwemmt, die Person erlebt den Verlust der Kontrolle über das Bewusstsein, einen Verlust der Steuerung bei der Reizfiltrierung. Durch diese Reizüberschwemmung wird auch die Angstbereitschaft überlagert, welche den Reizschutz ausmacht. Im zweiten topografischen Modell bestehend aus dem Über-Ich, Ich und Es ist das Ich mit dem Reizschutz assoziiert. Dieses vermittelt im Normalfall zwischen den moralischen Ansprüchen des Über-Ich und den Triebwünschen des Es.

Im Moment der Traumatisierung wird das Ich und sein bewusster Vermittlungsversuch zwischen den Umweltreizen überschwemmt. Es ist entsprechend nachvollziehbar, dass im Ich-psychologischen Modell von Freud die Ich-Stärke mitbeeinflusst, inwiefern die traumatisierenden Erlebnisse Symptome auslösen (Freud, 1923, S. 32 ff.). Diese These hat bis heute Bestand. Zur Bewältigung der Überschwemmung des seelischen Apparats mit großen Reizmengen reagiert die Psyche nach Freud mit einer »Gegenbesetzung«, einer Art Notfallmechanismus, »zu dessen Gunsten alle anderen psychischen Systeme verarmen, so dass eine ausgedehnte Lähmung oder Herabsetzung der sonstigen psychischen Leistung erfolgt« (Freud, 1923, S. 38 ff.). Er identifiziert die wiederholten Flashbacks im Schlaf, die unauflösbaren Wiederholungsträume als Symptom der Traumatisierung, bei der die Psyche pathologisch auf das Trauma und dessen Wiedererleben fixiert ist. Wie der Hysteriker leidet nach Freud auch der traumatische Neurotiker an Reminiszenzen, an Erinnerungen an das traumatische Erlebnis, die von motorischen Symptomen der Fixierung begleitet sind (Freud, 1923, S. 10). Vor dem Hintergrund von Janets Erkenntnis, dass Traumatisierte auf Trigger, die an traumatische Erfahrungen erinnern, automatisch mit bestimmten physischen Handlungen reagieren, welche zum Zeitpunkt des Traumas, nicht mehr jedoch in der gegenwärtigen Situation, angemessen waren (Ogden, Minton & Pain, 2010, S. 18), entwickelte und prägte Freud den psychodynamischen Begriff des Widerholungszwangs.

4.4 Vom *Kriegszitterer* zum offiziellen Krankheitsbild

Parallel zu den Studien in Deutschland, Frankreich und der Schweiz trafen um 1890 in Cambridge mit William Rivers, Grafton Elliot Smith, Charles Myers und William McDougall fünf Forscher aufeinander, welche anhand ihrer Studien und Entdeckungsreisen großen Einfluss auf die Gebiete der Neurologie, Psychologie, Psychiatrie, Zoologie und Anthropologie nehmen sollten. Insbesondere Myers und McDougall erforschten schließlich im 1. Weltkrieg die der heutigen PTBS entsprechenden traumatisierten Reaktionen der kriegsversehrten Soldaten. Myers dokumentierte die Diagnostik dieser Krankheit, welche unter den britischen Soldaten als *Shell Shock* bezeichnet wurde. Im deutschen Sprachraum sprach man von *Kriegsmüdigkeit* oder den sogenannten *Kriegszitterern*. McDougall versuchte, die Kriegstraumatisierten zu behandeln und hielt dabei fest, dass zu den heilsamsten Maßnahmen ein empathischer, bezogener Umgang gehöre, die Wiederaufnahme einer selbstverständlichen, einfachen und natürlichen menschlichen Beziehung (Shephard, 2014, S. 176). Aufbauend auf Janets Erkenntnissen, welche die hysterischen und die traumatischen Reaktionsweisen über den Begriff der Dissoziation in Verbindung bringt, beschreibt Myers den *Shell Shock* als eine grundlegende Form struktureller Dissoziation. Van der Hart et al. beschreiben das Phänomen erneut mit der Vorstellung von Persönlichkeitsanteilen:

> »Diese Dissoziation beinhaltet die Koexistenz eines sogenannten anscheinend normalen Persönlichkeit(-santeil) (apparently normal part – ANP) und einer(s) sogenannten emotionalen Persönlichkeit(-santeil) (EP).« (van der Hart et al., 2008, S. 20)

Während die Anscheinend-normale-Persönlichkeit nach dem Überleben des Traumas versucht, ein normales Alltagsleben zu führen, bleiben die emotionalen Anteile auf die Vermeidung und Wachsamkeit bezüglich von Triggern gerichtet und es wird jederzeit mit der Notwendigkeit gerechnet, dass aufgrund einer erneuten Bedrohung der Überlebensmodus aktiviert werden muss. Bleiben die emotionalen Anteile mit der ANP unverbunden, kommt es in Momenten der Erinnerung oder durch kleine Trigger zum Kontrollverlust. Diese Erkenntnisse von Myers wurden auch von der aktuellen Theorie der strukturellen Dissoziation übernommen.

Wie Freud beschreibt, ließ das wissenschaftliche Interesse am Verständnis der Kriegsneurosen mit dem Ende des 1. Weltkrieges rasch nach (Freud, 1919, S. 321). Er selbst wandte sich primär dem Studium innerer Konflikte, Abwehrmechanismen und Trieben als Ursache von Geisteskrankheiten zu. Erst mit dem 2. Weltkrieg wurde die psychiatrische Trauma-Forschung wieder bedeutend. Die Studien über den Shell Shock von Myers wurden zum Manual zur Behandlung der Soldaten.

Nach dem 2. Weltkrieg führte die Auseinandersetzung mit dem Holocaust unter anderem auch zur bis heute anhaltenden Erforschung der übergenerationellen Effekte von Traumatisierungen (Kellermann, 2009). Zu einem eigentlichen Aufschwung des Forschungsfeldes der Psychotraumatologie in der Medizin und Psychologie kam es jedoch erst in den 1970er und 1980er Jahren in den USA. Die Leidensgeschichten der Kriegsveteranen aus Vietnam hatten große soziale Auswirkungen und wurden zunehmend in Psychiatrie und Politik thematisiert und führte zu einer Verstärkung der Trauma-Forschung. Diese hatte 1980 die Anerkennung der Posttraumatischen Belastungsstörung (PTBS) als psychische Störung im DSM III zur Folge und mündet heute in die Konzeptionalisierung der komplexen PTBS (KPTBS) ein. Die diagnostischen Spezifizierungen wurde unter anderem durch die Fortschritte in der psychoanalytischen Theorie unterstützt, insbesondere durch die Objektbeziehungs- und die Bindungstheorie. Der Entwicklung in diesen Bereichen widmet sich der folgende Abschnitt.

4.5 Geschichte des Trauma-Begriffs in der Psychoanalyse nach Freud

Die zeitgenössische psychoanalytische Theorie ist geprägt durch einen Paradigmenwechsel. Die intrapsychische Triebtheorie wurde nach und nach vom intersubjektiven Paradigma abgelöst. Durch Erkenntnisse unter anderem aus Studien zur Bedeutung der Mutter-/Eltern-Kind-Beziehung von Donald Winnicott, aus der Bindungsforschung von John Bowlby oder aus der Säuglingsforschung von Daniel Stern wurden beispielsweise die Annahme der Triebtheorie, dass das Kind einen endogenen Aggressionstrieb habe, in Frage gestellt. Die Äußerung von Aggressionen bei Kleinkindern wird vermehrt im Zusammenhang mit der Unlustbekundung verstanden, als reaktive Erwiderung auf Verletzungen und Versagungen in sozialen Beziehungen. Neben Frustrationen über affektive Vernachlässigung oder Verwöhnung werden aggressive Tendenzen über die Faktoren von Bindungsunsicherheit oder die Erfahrung von Traumatisierungen durch Misshandlungen oder sexuellen Missbrauch erklärt (Honneth, 2006, S. 319 f.). Als prominenter Vordenker argumentierte beispielsweise Kernberg aufgrund der aktuellen Forschungslage für die Ablösung des Triebkonzepts durch die Hinwendung zu Affekten als affektive Repräsentanzen:

> »Das Fehlen jeglicher biologischen Evidenz für die primäre Natur von Trieben gegenüber den vielen Belegen für die primäre motivationale Funktion von Affekten sowie die Tatsache, dass Affekte gleichzeitig immer auch bestimmte Repräsentanzen implizieren, werfen die Frage auf, ob affektive Repräsentanzen die Bausteine komplexer menschlicher motivationaler Entwicklung sind und so das Triebkonzept ersetzen.« (Kernberg, 2012, S. 155)

Diese generelle Entwicklung der psychoanalytischen Theorie zeigt einen Ausschnitt einer historischen Theorieentwicklung, die diverse Ausprägungen hat. Dennoch ist dieser Ausschnitt von großer Relevanz, da durch die Entwicklung zu den relationalen psychodynamischen Ansätzen, wie sie insbesondere in den USA populär geworden sind, die motivationale und protektive Dimension der Affekte stärker in Betracht gezogen wird. Mit der Grundannahme, dass die Beziehungsmuster und -erfahrungen entscheidenden Einfluss auf Resilienz, Gesundheit und psychische Stabilität der Persönlichkeit ausüben, wird der relationalen Dimension auch in der Trauma-Theorie verstärkt Bedeutung zugesprochen. Diese Einsicht ist grundsätzlich nicht neu: Als Pionier der psychoanalytischen Trauma-Theorie gilt Sandor Ferenczi, der bereits zu Lebzeiten Freuds die These vertrat, dass nicht die Triebe und Triebkonflikte des Kindes für die psychischen Störungen ursächlich seien, sondern traumatische Einwirkungen von Erwachsenen auf das Kind. Durch den Beziehungskonflikt würden psychische Abwehrmechanismen des Kindes ausgelöst, die sich auch auf seine Phantasien auswirkten (Hirsch, 2011, S. 32). Erstmals wurde damit die Beziehung als ein ausschlaggebender Faktor bei der Verursachung und Bewältigung von Traumatisierungen benannt. Die jüngeren Forschungsergebnisse bestätigen diese frühe Annahme von Ferenczi. Die Bedeutung der Beziehungsdimension an sich, insbesondere jedoch der kindlichen Primärbeziehung, erweist sich als vorrangiger Anhaltspunkt hinsichtlich der Ätiologie und Anfälligkeit für psychische Störungen.

4.6 Einfluss der frühen Mutter-Kind-Beziehung und Bedeutung der Symbolisierungsfähigkeit

Auch wenn es im Rahmen dieser Publikation nicht möglich ist, die objekttheoretischen und bindungstheoretischen Annahmen umfassend darzustellen, scheint die Auswahl bestimmter Annahmen an dieser Stelle wichtig, um den Zusammenhang zwischen der frühkindlichen Disposition, Sozialisation und der späteren Vulnerabilität für Traumatisierungen aufzuzeigen. Eine entscheidende und historische Wende hinsichtlich des Umgangs und der Wahrnehmung von kleinkindlichen Bedürfnissen leitete Donald Winnicott, der erste offizielle Kinderpsychoanalytiker Großbritanniens, im Jahr 1949 ein. Mit einer Serie von BBC-Radiobeiträgen erregte er öffentliches Interesse (Winnicott, 1949). In diesen Beiträgen setzte er sich mit der Frage der frühen Mutter-Kind-Beziehung sowie der Frage nach den altersgemäßen Bedürfnissen und Fähigkeiten des Kleinkindes auseinander. Mit seinen Beiträgen zum Sinn des kindlichen Spiels, den Begriffen der genügend guten Mutter (*Good enough Mother*), des Übergangsobjekts (*Transitional Object*), des Haltens (*Holding*) oder des falschen Selbst (*False Self*) bleibt er bis heute einer der einflussreichsten Denker nicht nur für die Objektbeziehungstheorie, sondern für die Entwicklungspsychologie und Kinderpsychotherapie überhaupt. Er beförderte einen grundlegenden Wandel hinsichtlich der Wahrnehmung und Akzeptanz kindlicher Bedürfnisse. Er wies auf die Fragilität und Beeinflussbarkeit der kindlichen Psyche hin und auf die resultierende Notwendigkeit der Anpassung der Eltern nicht nur an die physischen entwicklungsbedingten Einschränkungen des Kindes, sondern an seine psychische Bedürftigkeit. Mit seiner Annahme, dass die Elternschaft (*Parenting*) die wichtigste Basis für eine gesunde Gesellschaft und die wahre Produktionsstätte (*Factory*) für demokratische Tendenzen in sozialen Systemen sei, schlägt er eine Brücke nicht nur zur Sozialpolitik, sondern betont auch bereits die Bedeutung eines gesunden Selbstsystems als Resilienzort und Ressource zur Verhinderung von antidemokratischen und antisozialen gesellschaftlichen Tendenzen. In diesem

Sinne kann sein Beitrag zur Stärkung des kindlichen Selbst durchaus als Trauma-Prävention verstanden werden. Winnicott setzt für die ungestörte frühkindliche Entwicklung eine Umwelt voraus, die ergänzend auf die altersgemäß vorliegenden Fähigkeiten und Einschränkungen eingeht, sodass das Gefühl des eigenen Einflusses auf die Umwelt bestehen bleibt und das Kind sich entsprechend gegenüber der Welt und den Bezugspersonen nicht ohnmächtig erlebt. Erfahrungen von Selbstwirksamkeit sind ebenso wichtig wie das Zeigen-Dürfen von Wut, Außer-sich-Sein oder Trauer, welche von den Bezugspersonen ausgehalten und nicht sanktioniert werden. Durch die Allmachtsphantasie kann das Kleinkind eine selbstbewusste Entwicklung erfahren und sich selbstwirksam erleben trotz der eigenen (Fähigkeits-)Grenzen. Versagt die Umwelt, kommt es zu Desillusionierungen des Kindes.

»Durch das Versagen der Umwelt oder durch Übergriffe gegenüber dem Kind kommt es zu einer Minitraumatisierung, welche die kindliche Allmachtphantasie zerstört und eine verfrühte Desillusionierung bewirkt. Statt einer ›genügend guten‹ Umgebung, die sich in ausreichendem Maß den kindlichen Bedürfnissen anpasst, muss nun umgekehrt das Kind sich seiner Umgebung anpassen, was es in dieser frühen Periode überfordert.« (Fischer & Riedesser, 2009, S. 43)

Winnicott beschreibt, dass das Kleinkind immer in zwei Welten zugleich lebe, derjenigen, welche die Erwachsenen mit ihm teilen und der eigenen, imaginativen Welt. Wird das Kind zu früh gezwungen, diese imaginative Welt in Frage zu stellen oder nicht zeigen zu dürfen, verstummt die Realität der eigenen inneren Welt oder sie wird nach außen hin verschlossen. Wenn ein kleines Mädchen fliegen möchte, so beschreibt Winnicott, dann sagen wir nicht einfach »Kinder können nicht fliegen«. Wir heben es hoch und schwingen es über unseren Köpfen herum. Winnicott beschreibt, dass der unbeschädigte Übergang von der kindlichen in die *reale* Welt der Erwachsenen voraussetzt, dass die Imagination des Kindes nicht zu früh gedämpft wird (Winnicott, 1987, S. 3 f.). Die Überanpassung an äußere Bedürfnisse, z. B. an die Emotionslage der Eltern, führt sonst zu einer Selbstentfremdung, zu einer Zerstörung des eigenen, selbstverfügbaren und imaginativen Innenlebens des Kindes. Das Kind passt sich notgedrungener Weise an, erfährt das eigene, kindliche Sinnsystem als inadäquat oder unerwünscht. Um Anerkennung oder bloße Duldung zu erreichen, kommt es zur Überanpassung, zum Aufbau eines falschen Selbst, welches durch die

4.6 Einfluss der frühen Mutter-Kind-Beziehung

Ausrichtung an die Welt der Erwachsenen mit »Gefühlen der Fremdheit und inneren Leere, der Empfindung, in seinen Handlungen selbst nicht wirklich präsent zu sein«, einhergeht (Fischer & Riedesser, 2009, S. 43; Winnicott, 1973). Die Aufrechterhaltung des imaginativen Raums, der inneren Realität des Kindes, erlaubt ein selbstsicheres Aufwachsen mit dem Gefühl eines sicheren Raumes in sich selbst. An diesen sicheren inneren Raum, bzw. an das damit verbundene Sicherheitsgefühl, appellieren wir im Umgang mit traumatisierten Patientinnen und Patienten. Im Moment des Traumas wird die Psyche von Affekten und physischen Reaktionen überwältigt. Durch das Durchbrechen aller emotionalen Reizschwellen wird der Mensch handlungsunfähig, jegliche Selbstwirksamkeit ist ihm genommen. Um diesen Moment der Panik oder Erstarrung nachträglich zu relativieren und das traumatische Erlebnis in den Gesamtzusammenhang der Psyche zu integrieren, muss das Vertrauen in diesen sicheren inneren Raum zumindest wieder antizipierbar werden. Wie das Kleinkind, das ausgehend von der Sicherheit dieses inneren Raumes seine Symbolisierungsfähigkeit entwickelt und darüber sukzessive den realitätsbezogenen Anschluss seiner inneren an die äußere Welt realisiert, muss auch der oder die Traumatisierte wieder lernen, die inneren Bilder, Gefühle und Intuitionen als wertvolle Realität gegenüber der als brutal erfahrenen Außenwelt wahrzunehmen. Konnte dieser Raum im Kleinkindalter nicht entwickelt oder gehalten werden, konnte also auch die Symbolisierungsfähigkeit nicht aufgebaut werden, dann setzt die therapeutische Arbeit idealerweise in diesem Bereich an. Um diese Implikationen besser nachvollziehen zu können, lohnt sich ein Blick auf die entwicklungspsychologischen Vorgänge auf dem Weg zur Symbolisierungsfähigkeit.

Das Erlangen der Symbolisierungsfähigkeit basiert nach Stern entwicklungspsychologisch auf der Differenzierung von subjektivem und verbalem Selbst. Die Sinneserfahrungen, die das Kind über das Sehen, Hören, Spüren, Riechen und Schmecken wahrnimmt, vermitteln ihm innere Bilder und mentale Vorstellungen, welche die Umwelt und die Mitmenschen repräsentieren. Diese körperlichen Wahrnehmungen und Empfindungen bilden die erste Erfahrungsebene des Selbst-Welt-Verhältnisses. Das Kernselbst oder Körperselbst, welches bereits im zweiten und dritten Monat die Integration und Organisation von Erlebnissen und die Ausprägung gewisser generalisierter Repräsentationen von Interaktionen erlaubt, wird insbesondere zwischen dem siebten und neunten Monat über das Bewusstsein von intersubjektiven Beziehungen und das Unterscheidenkönnen von fremden und vertrauten Personen ausdifferenziert. Dieses erlaubt nach und nach ein abgegrenztes Selbstempfinden. Dem Kind wird – teils schmerzlich – bewusst, dass sich seine Gedanken und Wahrnehmungen von denen Anderer unterscheiden. Durch ein gutes *Affect Attunement* kann dieser Übergang durch die Bezugspersonen begleitet werden, ohne dass das Kind den sukzessiv fortschreitenden Verlust seiner Einheitswirklichkeit als Alleinsein oder Selbstversagen wahrnimmt. Zu dieser Einstimmung in die Affektlage der Stimmung gehört auch die Modulierung der Interaktion über die Stimme, über Berührungen, zyklische Abläufe und Rhythmen der Interaktion zwischen dem Kind und der Bezugsperson. Wie Stern beschreibt, bilden die dynamischen Formen der Bewegung und Vitalität, die das Kind erlebt, nicht nur dessen körperliches Selbst- und Miteinandersein, sondern sind integraler Bestandteil des holistischen Erlebens und Entwickelns von Bindung und Bindungsfähigkeit. Die zwischenmenschliche Bewegungsdynamik, die das Kind erlebt, bildet einen Gesamtzusammenhang zwischen Bewegung, Zeit, Kraft, Raum und Intentionalität (Stern, 2010, S. 4 ff., 121 f.). Das prozedurale Gedächtnis, welches sich in den ersten eineinhalb Lebensjahren bildet, – bevor die Symbolisierungsfähigkeit erworben wird – speichert die sensomotorische Erfahrung wiederholter Beziehungsszenen asymbolisch als prototypische (Mutter-Kind-)Interaktionsmodelle (Stumm & Pritz, 2010, S. 537).

> »Dieses ›prozedurale Wissen‹ wird später von den symbolischen Organisationsformen der Erfahrung überlagert, aber nur teilweise in diese umgewandelt. Der Bereich des strukturell unbewusst bleibenden (d. h. nicht verdrängten), asymbolischen (d. h. nicht in Bilder oder Worte fassbaren) Beziehungswissens ist die Grundlage des spontanen zwischenmenschlichen Beziehungsstils jedes Erwachsenen. Traumatisch bedingte Verformungen des Beziehungswissens finden ihren Niederschlag in Verhaltensmustern, Charakterzügen oder pathogenen Überzeugungen.« (Stumm & Pritz, 2010, S. 537)

Mit dem Übergang zum verbalen Selbst, welches nach und nach zur symbolischen Repräsentation und Sprachfähigkeit fähig wird, kann das Kind komplexe mentale Repräsentationen von Beziehungen bilden, ein Ich-Bewusstsein neben dem Bewusstsein für andere entwickeln (Stern, 2003).

4.6 Einfluss der frühen Mutter-Kind-Beziehung

Das Kind stellt sich beispielsweise ein Bild von der abwesenden Mutter vor oder es lernt, sich bei ihrer Abwesenheit mit einem Übergangsobjekt zu beruhigen, welches symbolisch für den Bestand seiner sicheren inneren Welt in der Außenwelt steht. Als komplexe Verarbeitungsleistung übersetzt die Symbolisierung subjektive Erfahrungen und Repräsentationen in Symbole. Bei psychischen Traumatisierungen handelt es sich immer um Symbolisierungsstörungen im präsymbolischen Bereich, wobei Wünsche oder Befindlichkeiten verzerrt symbolisiert werden oder Wahrnehmung und Symbolisierung nicht möglich sind. Im Gegensatz dazu erlaubt eine gute Symbolisierungsfähigkeit eine adäquate Repräsentation der Erfahrung im Bewusstsein – die Wiedererinnerung der Erfahrung geht mit dem Auftauchen von Erinnerungsspuren, Kontext und Körperempfindungen einher. Das Symbolspiel beginnt bei Kindern um die Mitte des zweiten Lebensjahres. Hier beginnt die Entwicklung der Fähigkeit, sich in die Gedankenwelt von anderen Menschen hinein zu versetzen, wie dies die *Theory of Mind* beschreibt. Diese Fähigkeit basiert emotional auf der frühkindlichen Gefühlsansteckung und später auf ihrer mentalisierten Form, der Empathie. Die Empathie stellt gegenüber dem kognitiven Vorstellungsvermögen das Analogon der emotionalen Bezugnahme und des Nachvollzugs des emotionalen Erlebens des Anderen dar. Fonagy, Allen und Bateman (2011) beschreiben die Entwicklung des Vorstellungsvermögens bzw. der Mentalisierungsfähigkeit als komplexen Lernprozess, bei dem das Kind seine innere Welt zunächst erlebt, »als sei diese eine Art Aufzeichnungsgerät, das exakte Entsprechungen zwischen innerem Zustand und äußerer Realität herstellt«. In diesem Modus der psychischen Äquivalenz setzt das Kind mentale Vorgänge wie die eigene Einflussmacht, Verursachungskraft und ihre Implikationen gleich mit Vorgängen in der materiellen Welt. Innere und äußere Realität sind noch eins, weshalb Gedanken, Gefühle und Phantasien auf die äußere Realität projiziert werden, ohne dass das Kind weiß, das sein Erleben der Außenwelt dadurch verzerrt sein könnte (Fonagy, 2004, S. 376). Im Lauf der Entwicklung lernt das Kind den sogenannten *Als-ob-Modus*, in dem Gefühle und Vorstellungen als nur symbolisch empfunden sind:

> »Nach und nach erst und durch die Teilnahme eines Anderen, der die Als-ob-Perspektive des Spiels und die ernsthafte Perspektive gleichzeitig einnehmen

kann, lässt die Integration dieser beider Modi eine psychische Realität entstehen, in der Gefühle und Ideen als nur innere Vorgänge, die gleichwohl eine enge Beziehung zur Außenwelt aufweisen, anerkannt werden.« (Fonagy, 2004, S. 377) Das Vorstellungsvermögen davon, was in anderen Menschen vor sich geht, ist auf diese Fähigkeit zur symbolischen Repräsentation angewiesen. Damit die Mentalisierungs- und die Symbolisierungsfähigkeit ausgebildet werden können, ist die adäquate Interaktion mit einer Bezugsperson vorausgesetzt. Der Säugling lernt erst mit der Zeit, dass er Gefühle und Gedanken hat. Durch wiederholte Erfahrungen mit der Bezugsperson, welche seinem inneren Zustand durch ihren Gesichtsausdruck und ihr Verhalten Bedeutung verleiht, lernt er, zwischen den eigenen Gefühlen und Gedanken zu unterscheiden. Wenn die Bezugsperson sich auf die Gefühle des Kindes einstimmt und es dabei unterstützt, diese zu bewältigen, übersetzen sich diese Beziehungserfahrungen auch in Beziehungsmuster und körperliche Zustände (Fonagy, 2004, S. 377 f.). Wilfried Bion hat mit seinem Begriff des *Containings* die Theorie von Winnicott bezüglich der Symbolisierungs- und Mentalisierungsfähigkeit wesentlich ergänzt. Die Mutter wird hierbei zum Container für die bedrohlichen, unaushaltbaren Affekte des Kindes. Sie wird nach Fonagy zum lebendigen Gefäß, welches die »unerträgliche Angst und die Wutaffekte durch eine metabolisierende Verarbeitung symbolisiert« und damit auch dem Kind »die Möglichkeit der Symbolisierung eröffnet« (Hirsch, 2011, S. 46 f). Die Mutter nimmt die Äußerungen von Wut, Angst oder Verzweiflung in sich auf und spiegelt sie in modifizierter Form zurück an das Kind, das dann merkt, dass es den Affekten nicht gänzlich allein ausgeliefert ist, sondern dass es in der Interaktion mit der unterstützenden Mutter möglich ist, diese zu verändern und zu bewältigen. Bleibt das Kind mit seinen starken Affekten allein, kann es diese nicht integrieren, es wird davon überwältigt. Dadurch ist es den Affekten ausgeliefert, erleidet bedrohliche Gefühle, welche die innere und die äußere Welt besetzen, erlebt sich selbst und damit auch die Welt als unberechenbar und gefährlich. Sofern die Mutter aufgrund einer eigenen Pathologie, konstitutionellen Faktoren oder Traumatisierungen nicht in der Lage ist, sich auf den Säugling einzustimmen, ist dieser gezwungen, ihr Erleben und ihre Abwehrmuster zu internalisieren. Wenn die Notlage des Kindes von der Bezugsperson ignoriert oder ohne vorhergehende Modulierung gespiegelt wird, lernt das Kind nicht zu mentalisieren bzw. seine Affekte

4.6 Einfluss der frühen Mutter-Kind-Beziehung

durch Symbolisierung zu kontrollieren (Fonagy, 2004, S. 377 ff.). Die Persönlichkeitsentwicklung wird beeinträchtigt, weil das Kind grundsätzliche Schwierigkeiten hat, die Realität von der Phantasie zu unterscheiden: »Statt Affekte als Signale (kommunikativ) benutzen zu können, bleibt es auf ihren instrumentellen oder funktionellen (manipulativen) Gebrauch beschränkt« (Fonagy, 2004, S. 381).

Die Folge einer beeinträchtigten Mentalisierungsfähigkeit kann eine misstrauische Einstellung gegenüber der Welt sein, die davon ausgeht, dass Hilfe von anderen Menschen nicht erwartbar ist und man selbst in der Bedrohungsbewältigung versagt. Die Symbolisierungsfähigkeit, welche dabei helfen würde, innere Bilder, Kategorien und Verständnisse zum affektiven Geschehen zu entwickeln, versagt. Bleibt das Kind mit seinen schrecklichen Gefühlen allein und diesen hilflos ausgeliefert, wirkt sich dies auch auf seine sozialen Fähigkeiten aus. Die Mentalisierungsfähigkeit beeinträchtigt nicht nur die Fähigkeit, negative Affekte zu regulieren und durch erlernte Selbstberuhigungsstrategien aus dem Zustand des Arousals zu kommen, sondern es hat auch einen grossen Einfluss auf die Fähigkeit, Nähe und Distanz in zwischenmenschlichen Beziehungen zu regulieren. Die Entwicklung der Mentalisierungsfähigkeit ist auf eine sichere Bindung angewiesen. Sofern die Mentalisierungsfähigkeit beeinträchtigt ist, hat dies Auswirkungen auf die Bindungsmuster und die Beziehungsfähigkeit (Gwen, 2016).

Die Verschüttung der Symbolisierungsfähigkeit kann eine traumatisierte Person erfahren, welche im Moment des Traumas derart überwältigt wird mit unfassbaren Erlebnissen oder Verletzungen, dass das Geschehen innerlich nicht erlebt oder mit adäquaten Gefühlen verstanden werden kann. Damit, dass eine innere Kategorie des Erlebens fehlt bzw. das vorstellbare Erleben gesprengt wird, erzeugt das Trauma oft neben der Irritation im Beziehungsaspekt auch eine sprachliche Unbeschreibbarkeit (Hirsch, 2011, S. 46). Die Struktur der Persönlichkeit, die Bindungsfähigkeit und Resilienz der Person, welche ein Trauma erleidet, können für die Bewältigung der Erfahrung und die Heilungschancen entscheidend sein. Hirsch wirft die Frage auf, ob die späteren, erinnerbaren Traumata die Symbolisierungsfähigkeit ähnlich beeinträchtigen wie die Entbehrungstraumata der frühen Kindheit. Traumatisierte Menschen haben aufgrund der tieferen Stresstoleranz (*Arousalschwelle*) Schwierigkeiten, gleichzeitig zu mentalisieren und in dem zu mentalisierenden emotionalen Zustand zu bleiben:

»Jenseits einer bestimmten emotionalen Arousalschwelle schaltet die Hirnaktivität von einem mentalisierungsfördernden in einen Modus um, der die Kampf- oder-Flucht-Reaktion unterstützt; frühe Traumatisierungen können diese Schwelle dauerhaft herabsetzen.« (Allen, Fonagy und Bateman, 2011, S. 197)

Sofern das Kleinkind regelmäßig mit seinen überwältigenden Gefühlszuständen allein gelassen wurde, chronifiziert sich dieser dissoziative Zustand, bei dem die Einfühlung in die eigenen Gefühle und in diejenigen der Anderen zunehmend erschwert wird. Hirsch wirft die These auf, dass die »unzugänglich konstruierte Selbststruktur« dieser Kinder auch mit einer erhöhten Anfälligkeit für spätere Traumatisierungen einhergeht (Hirsch, 2011, S. 48). Bei der Borderline-Störung, welche oftmals mit einer Frühstörung korreliert wird, werden häufig auch schwere familiäre Traumata der späteren Kindheit berichtet (West, 2018). Van der Hart et al. gehen ebenfalls davon aus, dass komplexere Formen struktureller Dissoziation bei Erwachsenen auftreten, die als Kinder chronisch traumatisiert wurden und deren Persönlichkeit aufgrund dieser Entwicklungsstörung nicht die der normalen Entwicklung entsprechende Kohäsion und Kohärenz aufweist (van der Hart et al., 2008, S. 23). Wie diese Anfälligkeit bindungstheoretisch verstanden wird, wird im nächsten Abschnitt aufgezeigt.

4.7 Zum Einfluss der entwicklungspsychologischen Bindungstheorie auf die Trauma-Theorie

Bindungsmuster fungieren als Anfälligkeit-, Resilienz- und Bewältigungsfaktor im Umgang mit traumatischen Erlebnissen. Die Bindungssicherheit, welche John Bowlby primär evolutionstheoretisch verstand, wurde ursprünglich nicht in erster Linie zur Reduktion physiologischer Bedürfnisse,

4.7 Zum Einfluss der entwicklungspsychologischen Bindungstheorie

sondern zum Schutz vor Raubtieren entwickelt. Den Jungtieren wird Schutz geboten, was zum Gefühl von Sicherheit beiträgt. Genauso sind Kleinkinder auf Geborgenheit angewiesen. Auf die Abwesenheit von Bezugspersonen reagieren sie ängstlich, einsam oder traurig. Aufgrund von Säuglings- und Mutter-Kind-Forschungen vertraten Bowlby und Mary Ainsworth die Annahme, dass der Säugling bereits ein differenziertes biologisches Entwicklungssystem hat. Dieses veranlasst den Säugling, die Nähe seiner Bezugspersonen zu suchen und durch ein Repertoire von angeborenen Verhaltensweisen, wie Lächeln, Weinen, Anklammern, ein Gefühl von Sicherheit herzustellen. Die Qualität der Bindung zeigte sich als wesentlich abhängig von der Feinfühligkeit der Mütter (Galliker, Klein & Rykart, 2007, S. 350 f.). Bowlby entwickelte die Bindungstheorie und unterscheidet anhand des Strange-Situation-Tests zwischen verschiedenen Bindungstypen, die sich aufgrund der frühen Beziehungserfahrungen und Deprivationserfahrungen ausbilden. Die *sichere Bindung* entsteht in der Folge eines feinfühligen Umgangs der Mutter, bei dem die Signale des Kindes zeitnah und passend beantwortet werden. Auf Trennung reagiert das sicher gebundene Kind dadurch, dass es seinen Trennungsschmerz zeigt und sich bei der Rückkehr der Mutter und durch ihren Trost beruhigen kann. Nach der Beendigung der Stresssituation ist das Kind wieder fähig, sich von der Mutter zu lösen und beispielsweise im Raum zu explorieren. Die Erfahrung, verlustreiche und schmerzhafte Situationen zu überstehen und sich auf Unterstützung verlassen zu können, fungiert als Resilienzfaktor im Umgang mit Konflikten und traumatischen Erfahrungen. Sicher gebundene Menschen können sich nach der Erfahrung in vielen Fällen erholen, wenn sie durch enge Bezugspersonen begleitet und unterstützt werden. Sie haben die Fähigkeit erworben, zwischen Situationen zu unterscheiden, die sie kontrollieren können und Situationen, in denen sie Hilfe benötigen (van der Kolk, 2015, S. 113) und realisieren, dass sie schwierige Situationen aktiv beeinflussen können.

Bei den Bindungsmustern *unsicher-vermeidend* und *unsicher-ambivalent* gibt es meines Wissens keine systematischen Untersuchungen hinsichtlich Anfälligkeit und Coping-Strategien bei Traumatisierungen. Im Gegensatz zum vierten, *desorganisierten Bindungstypus* erleben unsicher-vermeidend oder unsicher-ambivalent gebundene Kinder zumindest eine Konstanz im Beziehungsmuster, welche trotz Problemen mit der emotionalen Distanz oder der Erfahrung geringer Sensibilität die Aufrechterhaltung von Beziehungen ermöglichen (van der Kolk, 2010, S. 116). Die unsicher-vermeidende Bindung entsteht als Ergebnis der Zurückweisung der Bindungsbedürfnisse durch die Mutter bzw. Bezugsperson. Solche Kinder sind die Trennung von der Bezugsperson gewohnt. Sie reagieren darauf meist indifferent und vermeiden bei der Rückkehr der Bezugsperson den Kontakt zu ihr. Die Bindungsbedürfnisse werden unterdrückt, die Konzentration wird auf die Exploration der Umgebung ausgerichtet. Die unsicher-ambivalente Bindung entsteht durch Reaktionsweisen der Bezugsperson, die widersprüchlich und nicht vorhersehbar sind. Unsicher-ambivalent gebundene Kinder reagieren sehr verunsichert auf Trennungssituationen. Gleichzeitig sind sie nicht in der Lage, nach der Rückkehr der Bezugsperson durch ihre Nähe genügend Sicherheit zu schöpfen, um sich zu beruhigen. Das Nähe-Distanz-Verhalten ist dabei ambivalent ausgeprägt (Bowlby, 1973, 1974; Ermann, 2012, S. 76; Grossmann & Grossmann, 2003). Die Kategorie des desorganisierten Typus, welche grosso modo die Bindungen umfasst, die keinem anderen Typus zuzuordnen sind, wurde nicht von Bowlby selbst, sondern 1992 von Main und Hesse eingeführt (Main & Hesse, 1992). Dieser Bindungstyp korreliert nach van der Kolk mit komplexen Traumatisierungen. Das desorganisierte Bindungsverhalten ist durch widersprüchliche Verhaltensmuster geprägt. Angenommen wird, dass bei der Bezugsperson-Kind-Interaktion die Bedrohung des Kindes direkt von den Eltern ausgeht (Seiffge-Krenke, 2009, S. 70). Kinder mit desorganisiertem Bindungsverhalten wissen nicht, wie sie mit ihren Bezugspersonen verlässlich und ungefährlich in Kontakt kommen können. Diese Kinder sind mit einem unauflösbaren Dilemma konfrontiert. Einerseits ist die Bezugsperson für sie zum Überleben notwendig, andererseits ist die Bezugsperson selbst die Gefahrenquelle (van der Kolk, 2015, S. 117). Die desorganisierte Bindung kommt nicht nur durch emotionalen oder sexuellen Missbrauch zustande, sondern kann auch dadurch befördert werden, dass die Bezugsperson mit einem eigenen Trauma zu stark absorbiert ist, dass Familienmitglieder in entscheidenden Entwicklungsphasen des Kindes sterben oder dass die Bezugsperson selbst zu emotional instabil und inkonsistent ist, um sich in die Bedürfnisse des Kindes einzufühlen. Bowlby beschreibt bei der Arbeit mit traumatisierten Kindern, dass die Unterscheidung von Problemen, die aufgrund der desorga-

4.7 Zum Einfluss der entwicklungspsychologischen Bindungstheorie

nisierten Bindung vorliegen kaum von denjenigen zu unterscheiden sind, die aus dem zu behandelnden Trauma resultieren. Die Reaktionsweisen sind ähnlich und verwoben (van der Kolk, 2015, S. 118). Das Bindungsverhalten hat also nachweislich einen direkten Einfluss auf die Affekte und die Emotionsregulierung. Entsprechend prägt es die Fähigkeit, selbstwirksam und realistisch mit Deprivationserfahrungen umzugehen. Kinder, die internalisiert haben, dass der Versuch, Bezugspersonen um Hilfe zu bitten, in der Regel erfolglos bleibt, werden in einer Bedrohungslage allenfalls autarker reagieren, sich also nicht auf die Hilfe von anderen verlassen, als sicher gebundene Kinder. Ist ein Kind beispielsweise gewohnt, von ganz früh her selbstversorgend denken und handeln zu müssen, kann sich dies sowohl auf das Stresslevel wie auf die Resilienz gegenüber von Traumatisierungen auswirken. Die Zusammenhänge zwischen Bindungsrepräsentationen, dem Alter zum Zeitpunkt der Traumatisierung und dem Umgang mit Stress und Traumata wurden jedoch erst wenig erforscht (Fischer & Riedesser, 2009, S. 44). Unumstritten ist die Annahme, dass neben der Intensität des traumatischen Erlebnisses sowie lebensgeschichtlichen und dispositionellen Faktoren auch die frühen Beziehungserfahrungen und Bindungsmuster eine Rolle bei der Verarbeitung seelischer Verletzungen spielen. Fischer beschreibt dazu im Lehrbuch zur Psychotraumatologie, dass einerseits psychotraumatische Erfahrungen ohne zusätzliche Bedingungsfaktoren zu seelischen Folgeschäden führen können, dass jedoch andererseits mindestens drei typische Einflussgrößen bei der Verursachung von psychischen Störungen weiter in Betracht gezogen werden müssen: Übersozialisation (z. B. zu strenge, rigide Erziehung), Untersozialisation (Verwöhnung oder Vernachlässigung) sowie biologische oder früh erworbene Faktoren (Fischer & Riedesser, 2009, S. 91). Ob eine Traumatisierung eintritt und wie das psychische System dieses bewältigen kann, hängt also mit davon ab, ob die Person als Kind eine stabile Ich-Struktur aufbauen konnte und ob sie an eine frühere Erfahrung von sicherer Bindung und an erfolgreiche Selbstregulierung von Emotionen anknüpfen kann.

5 Analytische Psychologie und Trauma – eine Verhältnisbestimmung

Nach dem Überblick über die Entwicklungen der Psychoanalyse im Hinblick auf die Trauma-Theorie stellt sich die Frage, in welchem Verhältnis die Analytische Psychologie zur Trauma-Theorie steht. Historisch findet Jungs Beitrag zunächst parallel zu und im Anschluss an Freud statt. Inhaltlich scheinen sein Verständnis der Dissoziation und seine Komplextheorie jedoch näher bei den modernen Theorien des Traumas und der Dissoziation zu liegen, wie sie beispielweise von van der Hart et al. vertreten werden, als bei der freudianischen Triebtheorie der ersten Stunde (van der Hart et al., 2008). Zwischen der Komplextheorie und der Theorie struktureller Dissoziation besteht eine erstaunliche Konvergenz, welche die Aktualität der Komplextheorie unterstreicht. Während die Theorie der strukturellen Dissoziation auf die pathologische Ausblendung verschiedener, komplex variierende Wahrnehmungsfunktionen, Ideen und Teilpersönlichkeiten fokussiert, sieht Jung zwischen Komplexen und strukturellen, traumatischen Dissoziationen ein Kontinuum. Diese Verbindung erlaubt einen komplementären und erweiternden Blick insbesondere auf die affektive Funktionsweise der Psyche und die Genese von psychischen Coping-Mechanismen.

Im Folgenden werden die für das Verstehen und die Konzeptualisierung von Traumatisierungen relevanten Begrifflichkeiten aus der Analytischen Psychologie dargestellt. Jungs Komplextheorie, sein Krankheitsverständnis und sein Beitrag zum Verständnis komplexer Beziehungstraumata werden erörtert. Im Anschluss werden aktuellere Weiterentwicklungen aus der jungschen Psychotherapieforschung diskutiert, wie sie beispielsweise von Emmett Early, Donald Kalshed, Marcus West, Marion Woodman und Joan Chodorow geleistet wurden.

5.1 Trauma, Komplex und Dissoziation in der Theorie von C.G. Jung

Jung erlangte seine Bekanntheit ursprünglich über die Entwicklung der Komplextheorie, welche er anhand des Assoziationsexperiments empirisch unterlegte. Weniger bekannt ist die Tatsache, dass er die Komplextheorie ausgehend von Janets Begriff der Dissoziation und Freuds Trauma-Theorie entwickelte. *Komplexe* beschreibt Jung als psychische Fragmente, die ihre Abspaltung traumatischen Einflüssen oder inkompatiblen innerpsychischen Tendenzen verdanken (Jung, GW Bd. 8, § 253). Er definiert den Komplex als *gefühlsbetonte* Entität, welche im Moment der Aktivierung mit einem Gefühl der Unfreiheit einhergeht:

> »Ein gefühlsbetonter Komplex ist das *Bild* einer bestimmten psychischen Situation, die lebhaft emotional betont ist und sich zudem als inkompatibel mit der habituellen Bewusstseinslage oder -einstellung erweist. Dieses Bild ist von starker innerer Geschlossenheit, es hat seine eigene Ganzheit und verfügt zudem über einen relativ hohen Grad von *Autonomie*, das heisst, es ist es ist den Bewusstseinsdispositionen in nur geringem Mass unterworfen und benimmt sich daher wie ein belebtes *corpus alienum* im Bewusstseinsraume. Der Komplex lässt sich gewöhnlich mit einer Willensanstrengung unterdrücken, aber nicht wegbeweisen, und bei passender Gelegenheit tritt er wieder mit ursprünglicher Kraft hervor.« (Jung, GW Bd. 8, § 201)

Wenn Komplexe getriggert werden, kommt es zu Affekteinbrüchen. Wie Jung anhand seiner Studien zum Assoziationsexperiment dokumentiert, interferieren die Komplexe mit der Willensabsicht und stören die Leistungen des Bewusstseins. Durch das Erzeugen von Fehlleistungen, Gedächtnisstörungen oder Störungen im Assoziationsablauf entziehen sie sich der bewussten Kontrolle, als folgten sie einem eigenen autonomen Gesetz (Jung, GW Bd. 8, § 253). Dadurch kommt es in komplexhaften Situation dazu, dass die Person das Gefühl hat, vom Komplex gesteuert zu werden, ohne das eigene Verhalten bewusst beeinflussen zu können.

Jung würdigt in seiner Komplextheorie den *Nachweis der Aufsplitterungsmöglichkeit des Bewusstseins*, den Janet und Morton Prince erbracht haben. Beide konnten Persönlichkeitsspaltungen nachweisen und zeigen, dass jeder Persönlichkeitsanteil ein eigentümliches Stück Charakter und sein besonderes Gedächtnis hat. Die Anteile können relativ unabhängig voneinander bestehen und besitzen damit den Charakter von autonomen Teilpersönlichkeiten. Jung sieht keinen prinzipiellen Unterschied zwischen diesen Teilpersönlichkeiten und Komplexen (Jung, GW Bd. 8, § 253). Er geht jedoch davon aus, dass jeder Mensch Komplexe hat, welche nicht, wie bei der »hysterischen Doppelpersönlichkeit« oder »schizophrenen Persönlichkeitsalterationen«, pathologisch sind, sondern zur normalen Funktionsweise der Psyche gehören (Jung, GW Bd. 8, § 253). Er versteht die Psyche als kompliziertes Zusammenspiel unterschiedlicher Faktoren, welche in unendlicher individueller Variation vorliegen und von großer Wandelbarkeit sind (Jung, GW Bd. 8, § 252). Komplexe umfassen bei jedem Menschen spezifische Erfahrungen, Gefühle und Bilder, welche nicht auf allgemeine Zusammenhänge reduzierbar sind. Gleichzeitig nimmt er an, dass Komplexe einen archetypischen Kern enthalten. Während der gefühlsbetonte Komplex durch eine Bewegung im persönlichen Unbewussten zutage tritt, nimmt Jung an, dass Komplexen im Kern archetypische Bilder aus dem kollektiven Unbewussten zugrunde liegen. Archetypen versteht er als typische Formen des menschlichen Auffassens, als Korrelate von Instinkten (Jung, GW Bd. 8, § 280).

Vor dem Hintergrund der Komplextheorie grenzt Jung die Psychoanalyse von der freudschen Trauma-Theorie ab. Während der Begriff des Traumas in der Folge in seinem Werk wenig behandelt wird, setzt er sich intensiv mit dem Begriff der *Dissoziation* auseinander, um die Entstehung psychischer Störungen zu erklären. Im Folgenden wird zunächst das begriffliche Verhältnis von Komplex und Trauma geklärt. Im Anschluss widme ich mich Jungs theoretischer und autobiographischer Auseinandersetzung mit dem Begriff der Dissoziation, welche einen wertvollen Beitrag zum Verständnis innerpsychischer Prozesse bei komplexen Traumatisierungen leisten kann.

5.2 Das Verhältnis von Komplex und Trauma als affektives Kontinuum

Den Begriff *Trauma* bespricht Jung zunächst in seiner Darstellung der Psychoanalytischen Theorie (Jung, GW Bd. 4, Kap. IX). Von Charcot übernimmt er die Auffassung, dass durch die überwältigende Emotion eine momentane völlige Willenslähmung hervorgerufen wird, bei der sich die Vorstellung des Traumas wie im Moment einer Hypnose als Autosuggestion festsetzen kann (Jung, GW Bd. 4, § 206). Anhand seiner Assoziationsexperimente stellte Jung eine weitreichende Verwandtschaft des Komplexes mit dem Trauma fest. Er setzt den gefühlsbetonten Komplex nicht gleich mit dem Trauma bei Freud, bezeichnet Traumata jedoch als besonders *intensive Komplexe*, die mit ausgeprägten körperlichen Reaktionen (Schweißausbrüche, Zittern etc.) und unkontrollierten emotionalen Ausbrüchen einhergehen, wie sie auch im Assoziationsexperiment messbar sind (Frey-Rohn, 2010, S. 39). Die Unterscheidung zwischen Komplex und Trauma ist bei Jung in diesem Sinne kontinuierlich und abhängig von der Affektstärke. Er unterscheidet dabei zwischen akuten und chronischen Komplexen. Ein Schock, wie er beispielsweise bei einem unerwarteten Todesfall eintritt, bewirkt eine hohe akute stressbetonte Erregung, die im Idealfall durch Abreagieren integriert werden kann. Ein gefühlsbetonter Komplex umfasst jedoch nicht nur solche akuten Zustände, sondern basiert meist auf einer individuellen Erfahrungsgeschichte. Wenn das Abreagieren und die Integration schockierender oder verletzender Erlebnisse nicht geschehen, bleibt der bedrohliche Stress im System und bildet einen traumatischen Komplexherd. Dieser kann durch mit der Erfahrung verbundene Erinnerungen oder Wahrnehmungen entfacht werden. Die Hysterie ist in diesem Sinne verstanden als eine *Affekteinklemmung*, bei der die Erregung über längere Zeit vorhanden ist und bis zum Moment der erratischen Entladung zurückgehalten wird:

> »Die beständig ›potentiell‹ bereitliegende Erregungsenergie unterhält die Symptome, indem sie durch den Mechanismus der *Konversion* ins Körperliche überführt wird.« (Jung, GW Bd. 4, § 208)

Die Verwandtschaft der hysterischen Reaktion mit der Symptomatik bei komplexen Traumatisierungen wird an dieser Stelle deutlich. Unverarbeitete traumatische Erlebnisse führen nicht nur zu einer akuten, sondern zu strukturellen, chronischen Veränderungen der Affektivität und Persönlichkeit. Analog zum heutigen Verständnis der Trauma-Theorie sieht Jung vor dem Hintergrund der Konversionsstörung oder Somatisierung die Aufgabe der Therapie darin, diese zurückgehaltene Erregung auszulösen, indem die verdrängten und konvertierten Affektsummen aus den Symptomen herausgelöst werden. Einig mit der kathartischen Methode der freudianischen Psychoanalyse vertritt er hierbei das Abreagieren der Affekte zwecks der Gewöhnung an dieselben (Habitualisierung). In Auseinandersetzung mit Freuds Hypothese, dass sexuelle Kindheitstraumata ursächlich für Neurosen sind, entwickelt er jedoch die These, dass viele verschiedene Faktoren beeinflussen, ob ein traumatisches Ereignis eine neurotische Symptomatik auslöst. Er kritisiert Freuds Einschränkung des Traumas auf sexuelle, in die frühe Kindheit zurückreichende Erlebnisse als zu einseitig und geht davon aus, dass unter anderem die Grundlage der Persönlichkeit und die Elternkomplexe entscheidende Einflussfaktoren sind. Während er einerseits den Ursprung vieler Neurosen bzw. psychischer Störungen in traumatischen Kindheitserlebnissen erkennt, geht er zugleich davon aus, dass auch eine einseitige Bewusstseinseinstellung, wie sie sich beispielsweise im höheren Alter manifestiert hat, zu Neurosen führen kann, die dann primär auf die aktuelle Lebenssituation zurückzuführen sind (Jacobi, 2012, S. 114 f.). Die Neurose hat in solchen Fällen prospektiv betrachtet ihren Sinn als signalisierenden Anstoß zur Überwindung des festgefahrenen inneren Zustands oder der blockierenden Lebenssituation einer Person.

Jung sieht neben traumatischen Erfahrungen eine Hauptursache von neurotischen Komplexen in *moralischen Konflikten* der Person. Es besteht ein Konflikt zwischen einer moralischen Einschränkung, welche aufgrund von gesellschaftlichen Konventionen oder moralischen Überzeugungen der Person besteht, und einem Bedürfnis oder Wunsch, der diese Einschränkung in Frage stellt. Das mit dem eigenen oder gesellschaftlichen Wertsystem unvereinbare Bedürfnis muss dissoziiert werden, was die Bejahung des Ganzen des menschlichen Wesens verunmöglicht. Diese Abspaltung geschieht nicht selten bewusst oder teilbewusst. Die unbearbeiteten Komplexe bestehen jedoch in ihrer ursprünglichen Stärke weiter, werden nicht bewusst integriert und zeigen dadurch in den komplex anstoßenden Situationen eine größere Aktionsfreiheit (Jung, GW Bd. 8, §

5.2 Das Verhältnis von Komplex und Trauma als affektives Kontinuum

204). Der Annahme, dass Traumata ätiologisch zur Hysterie führen, stellt Jung deshalb gegenüber, dass diese zu stark monokausal gestützte Erklärung durch eine Milieutheorie ergänzt werden müsse, welche (neben den dispositionellen Faktoren und der hereditären Degeneration) die Hysterie als wesentlich »mitbedingt durch die Psychologie und die Umstände des Milieus« verstcht (Jung, GW Bd. 4, § 209).

»Wir wissen ja, dass noch vielen anderen Menschen Traumata in der Kindheit oder im Erwachsenenalter zustossen, ohne dass daraus eine Neurose entsteht. Das Trauma hat ceteris paribus keine unbedingt ätiologische Bedeutung, sondern das Trauma wird, ohne dauernden Effekt zu hinterlassen, vorübergehen. Aus dieser einfachen Überlegung geht klar hervor, dass das Individuum eine ganz bestimmte innere Vorbereitung dem Trauma entgegenbringen muss, um ihm zur Wirksamkeit zu verhelfen. Diese innere Vorbereitung ist nun nicht im Sinne einer ihrer Substanz nach gänzlich dunklen hereditären Disposition zu verstehen, sondern als eine psychologische Entwicklung, welche mit dem traumatischen Moment zum Höhepunkt und zur Manifestation gelangt.« (Jung, GW Bd. 4, § 217)

Die in diesem Zitat enthaltene Annahme, dass die psychologische Entwicklung entscheidend ist, ob und in welcher Form sich verletzende Ereignisse traumatisch auswirken oder verarbeiten lassen, deckt sich mit der Annahme von van der Hart et al., dass jede Persönlichkeitsstruktur bestimmte *entwicklungsbedingt vorbelastete Sollbruchstellen* aufweist, welche bei Traumatisierungen einbrechen (van der Hart et al., 2008, S. 18). Beim Erleben eines Traumas oder eines emotionalen Schocks schützt sich die Psyche durch die Isolation bzw. Dissoziation des affektiv aufgeladenen Erinnerungsfragments. Verschiedene psychophysische Systeme, die das Gesamtsystem der Psyche ausmachen, werden entsprechend von Vorbelastungen dissoziiert und damit der Bewusstseinskontrolle enthoben. Die Disposition der Persönlichkeit sowie frühe Erlebnisse, Erziehung, erlernte Bewältigungsstrategien und Umgebungsfaktoren beeinflussen mit, ob und inwiefern traumatische Erfahrungen zur Ausbildung von psychischen Störungen führen. Diese strukturellen Dissoziationen werden zum Ansatzpunkt, um individuelle Traumatisierungen zu verstehen und um ihre Überwindung zu fördern.

Im Hinblick auf die Konzeptualisierung des für den Trauma-Begriff relevanten Dissoziationsbegriffs lässt sich ergänzen, dass Jung einerseits auf eine einheitliche Neurosetheorie verzichtet, andererseits das Vorliegen von

5 Analytische Psychologie und Trauma – eine Verhältnisbestimmung

Dissoziationen ebenso wie das Erscheinen von *Konflikt, Komplex, Regression* und *abaissement du niveau mental* als Merkmale jeder Neurose identifiziert (Jung, GW Bd. 17, § 204). Die traumatische Reaktion gilt als besonders intensive und ausgeprägte Komplexreaktion, die mit starken körperlichen Symptomen, wie Zittern, Herzrasen etc., einher geht. Chronische Komplexe, welche beispielsweise anhand von Träumen oder Phantasien identifizierbar sind, zeichnen sich demgegenüber durch einen beständig lebendigen Gefühlston und ihre Nachhaltigkeit aus (Frey-Rohn, 2010, S. 40). Sofern über Träume und Phantasien ein Zugang zu den Symbolen möglich ist, welche das psychodynamische Geschehen integrierbar machen, ist bei neurotisch komplexhaften und traumatisierten Patienten die Durcharbeitung über das Verstehen von Symbolen und mittels der Methode der aktiven Imagination möglich. Sofern die Träume jedoch ausschließliche Reaktionsträume sind, die im nächtlichen Wiedererleben des schrecklichen affektiven Erlebnisses bestehen, spricht Jung diesen keinen kompensatorischen Gehalt zu.

»Der Traum bringt zwar anscheinend ein abgespaltenes, autonomes Stück der Psyche zurück, aber es zeigt sich bald, dass die bewusste Assimilation des vom Traum reproduzierten Stückes die traumdeterminierende Erschütterung keineswegs zum Verschwinden bringt. Der Traum ›reproduziert‹ ruhig weiter, das heisst, der autonom gewordene Inhalt des Traumas wirkt von sich aus, und zwar so lange, bis der traumatische Reiz völlig erloschen ist. Vorher nützt das bewusste ›Realisieren‹ nichts.« (Jung, GW Bd. 8, § 500)

Im Fall solch starker, heute mit der PTBS korrelierten Wiederholungsträume verweist Jung auf Freuds Methode der Symptomanalyse mittels hypnotischer Suggestion, welche die Abreaktion des traumatischen Inhalts unterstützt (Jung, GW Bd. 17, § 176). Ob es sich bei den Wiederholungsträumen um symbolische oder konkrete Reproduktionen handle, könne in der Analyse daran erkannt werden, dass die Wiederholung der traumatischen Szene mit Symbolgehalt durch eine richtige Deutung sofort aufhören, während eine rein reaktive Reproduktion auch nach der Deutung anhalte. Reaktive Reproduktionsträume korreliert Jung mit körperlichen Symptomen, entweder in Form einer Beschädigung des Nervensystems durch die Traumatisierung oder aufgrund krankhafter körperlicher Zustände, bei denen z. B. heftige Schmerzen den Traumablauf beeinflussen (Jung, GW Bd. 8, § 502).

Hinsichtlich des Umgangs mit komplexen Traumatisierungen, bei denen innere, zum Teil kleinkindliche Anteile nicht mit der äußeren Realität verbunden werden können und zu dysfunktionalen Dissoziationsphänomenen führen, lässt sich aus Jungs Überlegungen ableiten, dass der Zugang zu den abgespaltenen Komplexen, die ihre eigenen Gefühlsfelder und eine Art autonome innere Teilwelten umfassen, über Bilder, Phantasien und Symbole aufgebaut werden kann. Sofern es der Person gelungen ist, ihre phantastischen Innenwelten (unbewusst) mit Symbolen aus der Außenwelt anzureichern, obwohl die verschiedenen Anteile auf der Verhaltensebene noch nicht in Beziehung miteinander funktionieren können, lässt sich über die Unterstützung durch Aktive Imagination im Rahmen der korrigierenden Beziehungserfahrung der Analyse eine Revision und Anbindung der emotionalen inneren Anteile an die äußere Realität fördern. Die Anthropologin Daniela Sieff hat jüngst aufbauend auf Interviews mit führenden klinischen Trauma-Therapeuten und Forschern einen gut nachvollziehbaren Versuch gemacht, die sogenannten inneren »Trauma-Welten« von Patientinnen und Patienten zu charakterisieren und die affektiven Mechanismen, die mit deren Aufrechterhaltung einhergehen, zu beschreiben (Sieff, 2015, 2017).

5.3 Dissoziation als Schutzmechanismus und Erfahrung bei emotionalen Entwicklungsblockaden

Aufgrund von Jungs Auffassung, dass in der Seele alles mit allem im Zusammenhang steht, die »gegenwärtige Seele also die Resultante von Milliarden Konstellationen« umfasst, kritisiert er seinerzeit die moderne Psychiatrie dafür, dass sie die Wichtigkeit des individuellen Faktors vernachlässige (Jung, GW Bd. 3, §§ 58, 72). Die individuellen Assoziationsreihen, Komplexzusammenhänge und Bewältigungsmechanismen müssen immer auch vor dem Hintergrund spezifischer sozialer und kollektiver Faktoren betrachtet werden, weshalb letztlich die adäquate psychologische Analyse und Diagnostik von einer möglichst unvoreingenommenen phänomenologischen Einzelfallbetrachtung ausgehen sollte. Vor dem Hintergrund dieser Einstellung wird ersichtlich, weshalb Jung sich zur Beschreibung psychischer Prozesse auf dynamische, im Individualfall auszudifferenzierende analytische Kategorien wie Dissoziation oder Komplex entschied, während er die notwendige Kausalität spezifischer Traumata in Frage stellte.

Die *Spaltbarkeit der psychischen Verbände* bei intensiven Affekten faszinierte Jung von Beginn seines Schaffens an. »Im psychischen Trauma erkannte er eine Erlebnisgröße, die prinzipiell dissoziierbar war und unter der Einwirkung moralischer Widerstände zu einer Abtrennung des Affekts von der dazugehörigen Vorstellung führen konnte« (Frey-Rohn, 1981, S. 43). Obwohl die Spaltbarkeit der Psyche in der Psychopathologie am deutlichsten in Erscheinung tritt, sieht Jung diese beispielsweise im Mechanismus der *Projektion* als allgegenwärtiges Phänomen an. Bei der Projektion werden eigene unbewusste Inhalte oder psychische Anteile, die mit dem bewussten Selbstbild nicht vereinbar sind, anderen Menschen zugeschrieben bzw. auf andere Menschen projiziert. Durch die affektiv meist aufgeladene Wahrnehmung des projizierten Inhaltes am Gegenüber werden diese unbewussten Inhalte sichtbar und für die integrative Durcharbeitung zugänglich. Das Ziel der Persönlichkeitsentwicklung und der analytischen Psychotherapie liegt unter anderem in der Rücknahme von Projektionen. Diese geht mit der Annahme des eigenen Schattens einher, also der mit dem bewussten Selbstbild ursprünglich unvereinbaren Anteile der eigenen Persönlichkeit. Die Rücknahme einer Projektion kann beispielsweise darin bestehen, dass die Abwertung eines Mitmenschen aufhört, welche bis zu dem Zeitpunkt aufgrund einer eigenen unaufgelösten inneren Dynamik unhinterfraglich erschien. Ein weiteres Beispiel wäre die Bewusstwerdung und Integration der eigenen Aggression, welche bis zum Zeitpunkt der Projektionsauflösung anderen Menschen zugeschrieben wurde.

Wie Janet sieht Jung die Dissoziation als Folge des *abaissement du niveau mental*, also einer Herabsetzung der Bewusstseinsschwelle. Diese herabgesetzte Bewusstseinskontrolle (apperzeptive Schwäche), welche wir beispielsweise auch bei Träumen oder Tagträumen erleben, begünstigt oder bewirkt direkt das Entstehen von psychischen Automatismen. Unbewusste Assoziationsverbände oder Komplexreihen steigen hoch und können aufgrund ihrer affektiven Stärke nicht bewusst ausgehalten bzw. reguliert werden. Wird die Bewusstseinstätigkeit, welche im Normalfall verschiedene synchron ablaufende psychophysischer Prozesse gleichzeitig bewältigt und Wahrnehmungsinhalte selektioniert, durch ein starkes affektives Erleben überrollt, kann es zu unkontrollierbaren (hysterischen) Komplexreaktionen oder einer Art *Tunnelblick* kommen, bei dem ausschließlich auf die Bewältigung der gefühlten Bedrohungslage reagiert wird. Im Extremfall, bei traumatischen Komplexen, aber auch bei der beginnenden Schizophrenie, wird die regulative Funktion der Affekte, welche idealerweise dabei helfen, unser Selbst- und Weltverhältnis zu regulieren, hierbei durch eine affektive Fixierung blockiert:

> »Die Affekte, welche in der Norm unsere Beziehungen zur umgebenden Welt regulieren und unsere Anpassung an dieselbe zu vermitteln bestimmt sind, welche eine Schutzmassregel für den Organismus und die treibenden Kräfte der Selbsterhaltung darstellen, sind in ihrem natürlichen Zweck entfremdet.« (Jung, GW Bd. 3, § 73)

Die Dissoziation übernimmt in diesem Fall das Ausblenden von Wahrnehmungen und Gefühlen, beispielsweise von empathischen Reaktionen, welche unvereinbar mit der aktuellen Situationsbewältigung sind:

> »Was nicht zum Komplex passt, gleitet ab: alle Interessen sinken auf Null, wodurch ein Stillstand und eine temporäre Verödung der Persönlichkeit eintritt[...]. Nur was zum Komplex passt, erregt Affekte und wird geistig verarbeitet.« (Jung zit. n. Frey-Rohn, 2010, S. 39)

Im Hinblick auf die Analyse der *entwicklungsbedingten Sollbruchstellen*, welche in jeder Persönlichkeitsstruktur vorhanden sind, interessierte Jung sich also einerseits für den Aktualzusammenhang, in welchem Neurosen entstehen oder ausagiert werden, andererseits für den Ursprung, den chronische Dissoziationen in der Kindheitsentwicklung hatten. Anhand von Fallbeispielen von Patienten, welche zu Teilen in ihrer kindlichen Phantasiewelt verhaftet blieben und dadurch eine anhaltende Entzweiung der Persönlichkeit erlebten, beschreibt er, dass Dissoziationen in den unterschiedlichsten Variationen vorliegen können. Während die körperliche und kognitive Reifung bei Kindern fortschritt, blieb die affektive

Entwicklung retardiert. Durch den Rückstand in der emotionalen Entwicklung nimmt der Konflikt zwischen den Anforderungen des erhöhten körperlichen Alters und der veränderten Lebensbedingungen im Verhältnis zur kindlich emotionalen Innenwelt zu, weshalb es zu einer immer weniger überbrückbaren Dissoziation der Persönlichkeit kommt (Jung, GW Bd. 4, § 295). Jung beschreibt als Symptome »kindische Vorurteile, Illusionen und affektive Ansprüche«, welche die Patienten an die Außenwelt richten, ohne dass diese mit der »harten Wirklichkeit« der Außenwelt und der anderen Menschen vereinbar sind. Er bezieht sich hierbei exemplarisch auf die frühsten Kindheitsphantasien einer Patientin, welche aus »allerlei vagen und halbverstanden Eindrücken« bestanden, welche sie als Kind von ihren Eltern aufgenommen hatte. Am Beispiel dieser Patientin beschreibt er, dass sie »allerhand sonderbare Gefühle, schwankend zwischen Ängstlichkeit, Grauen, Abneigung, Ekel, Liebe und Begeisterung« beschrieb, wie sie dem Charakter einer »eigenartigen, frühzeitigen Phantasietätigkeit« entsprechen würden (Jung, GW Bd. 4, § 299). Er erkennt in den frühen infantilen Kindheitsphantasien den Ursprung der Schwierigkeit, zu einem adäquaten und realistischen Verhältnis zur Welt zu gelangen. Wenn keine genügende Ablösung vom kindlichen Bewusstsein stattgefunden hat, bleibt die psychische Innenwelt unverbunden mit der Außenwelt. Die psychische Integration der Außenrealität wurde verhindert, um die sicherheitsspendende aber illusorische Phantasiewelt aufrecht zu erhalten. Diese Dynamik kann verschiedene Persönlichkeitsanteile betreffen. Das Auftauchen des menschlichen Bewusstseins ist mit dem Ich-Komplex verknüpft. Es organisiert das verbale Selbstempfinden und die Fähigkeit des Kindes, sich selbst zum Objekt zu machen, das bewertet und beachtet wird. Die Unterscheidung zwischen Subjekt und Objekt, Innen und Außen, Gut und Böse, basiert auf dieser mit der Sprachentwicklung einsetzenden Reflexionsfähigkeit. Zunächst findet diese Unterscheidung emotional asymmetrisch Ich-bezogen statt. Die frühen Kindheitserfahrungen prägen die Interaktionsmuster nicht nur mit der Außenwelt, sondern zunächst im Selbstverhältnis, bei welchem eine Grundeinstellung im Sinne der Selbstablehnung oder der Fähigkeit zur Selbstannahme entschieden wird (Jacoby, 1998, S. 221).

Neben der Theorie der strukturellen Dissoziation ergänzt hier Winnicotts Theorie der Übergangsphänomene Jungs Beobachtungen auf relevante Weise. Die Entwicklungsaufgabe der kindlichen Psyche, die eigene

5.3 Dissoziation als Schutzmechanismus

psychische Realität von der Realität der äußeren Welt zu unterscheiden und adäquat in Beziehung zur äußeren Realität zu treten, setzt nach Winnicott einen intermediären Raum voraus. Das Kind kann in der allerfrühsten Kindheit die Erschütterungen, die mit dem Verlust seines Omnipotenzgefühls bzw. der wahrgenommenen Einheitswirklichkeit mit der Mutter einhergehen, nur bei genügend guten Umweltbedingungen ohne Entwicklungsblockade bewältigen (Winnicott, 1973, S. 84). Gemäß der Objektbeziehungstheorie kann das Kind die Trennung zwischen sich selbst als Subjekt und der Mutter als Objekt zwischen dem 4. und 12. Monat vollziehen, wenn es in der Beziehung zur mütterlichen Bezugsperson ein Vertrauen in ihre Verlässlichkeit entwickelt hat. Diesen *Vertrauens- oder Verlässlichkeitsraum* bezeichnet Winnicott als den potentiellen Raum, der zu einem unbegrenzten Raum der Trennung werden kann, in dem das Kind kreativ spielen kann und dadurch auf unbedrohliche Weise seine Autonomie erproben kann. Die lebendigen Erfahrungen und das fürsorgende Raumgeben durch die Bezugsperson erlauben dem Kind den Wechsel von introvertierten und extrovertierten Stimmungen, das Experimentieren mit Nähe und Distanz. Die Trennungserfahrung, die Unterscheidung zwischen Selbst und Anderen wird in diesem günstigen Fall spielerisch integriert, ohne dass das Selbstbewusstsein oder die zwanglose Selbstverwirklichung des Kindes eingeschränkt wird. Ein Beispiel für ein Übergangsphänomen ist das Sich-in-den-Schlaf-Singen von Kindern. Das Kind beginnt, anhand von Übergangsobjekten Symbole zu verwenden, welche für Personen und Dinge in der Außenwelt stehen, die es in seine Innenwelt integrieren kann. Nach und nach wird die Unterscheidung zwischen der subjektiven Innenwelt und der objektiven Außenwelt verstanden, indem beide Bereiche über Symbole und Objekte im intermediären Bereich vermittelt werden (Winnicott, 1973, S. 126). Symbolisierungsfähigkeit, Imagination und Kreativität nehmen hier ihren Ursprung.

> »Wenn es zur Symbolbildung kommt, ist das Kind bereits in der Lage, klar zwischen Phantasie und Fakten, zwischen inneren und äußeren Objekten, zwischen primärer Kreativität und Wahrnehmung zu unterscheiden.« (Winnicott, 1973, S. 15 f.)

Die negativen Auswirkungen, welche durch ein Versagen der Umwelt oder durch Übergriffe gegenüber dem Kind in der frühkindlichen Entwicklung auftreten, wurden bei den Ausführungen zur Symbolisierungsfähigkeit besprochen. Vereinbar mit Jungs These der nicht überwundenen infantilen Phantasiewelten, welche der Realität der Außenwelt unverbunden gegenübersteht und einer Spaltung in der Persönlichkeit gleichkommt, beschreibt Winnicott das Ergebnis der verfrühten Desillusionierung damit, dass das Kleinkind in zwei Welten lebt, wobei die Anpassung in der Außenrealität mit einem Gefühl der Selbstentfremdung einhergeht. Jung beschreibt jedoch nicht, dass die Realität der eigenen Innenwelt *verstummt*, sondern sieht in den Bildern und Phantasien der Innenwelt, wie sie sich beispielsweise in Träumen ausdrücken, ein Ansatzpunkt zur Überbrückung beider Welten.

»Das dynamische Prinzip der Phantasie ist das *Spielerische*, das auch dem Kinde eignet und als solches ebenfalls unvereinbar mit dem Prinzip ernster Arbeit erscheint. Aber ohne dieses Spiel der Phantasie ist noch nie ein schöpferisches Werk geboren worden. Wir verdanken dem Imaginationsspiel unabsehbar viel.« (Jung, GW Bd. 6, § 93)

Er geht davon aus, dass die verschlossene innere Realität über archetypische Symbole, die sich in den Phantasien finden, über Mythen und Märchen, welche die Identifizierung mit einer allgemeinmenschlichen Entwicklung erlauben, oder anhand des bewussten Arbeitens mit den inneren Phantasien und Träumen zugänglich gemacht werden kann. Mit den Methoden der aktiven Imagination oder des Malens wird die bewusste Annäherung an unbewusste innere Bilder gefördert (▶ Kap. 6.4).

5.4 Die Bedeutung von Symbolen und inneren Bildern für die Überwindung von Dissoziationen

Die Bedeutung, die Jung den psychologischen Symbolen und Bildern neurotischer Menschen zuschreibt, unterscheidet seine Auffassung von Freud und Adler. Während diese davon ausgehen, dass der einzelne Mensch

5.4 Die Bedeutung von Symbolen und inneren Bildern für die Überwindung

aufgrund einer »unmöglichen und infantilen geistigen Einstellung in einem Zustand innerer Dissoziation« und deshalb neurotisch ist, sind die psychologischen Symbole für Jung mehr als bloße »Phantasieprodukte« des Patienten, die auf einen »infantilen Hedonismus oder ein infantiles Machtstreben« zurückzuführen sind (Jung, GW Bd. 4, § 678). Jung misst dem Symbol einen positiven Wert bei, sieht es nicht als bloßes Zeichen von etwas Verdrängtem oder Unterdrückten, sondern gleichzeitig als Versuch, die weitere psychische Entfaltung des einzelnen Menschen zu erfassen und aufzuzeigen. Dem retrospektiven Wert des Symbols fügt er eine finale, prospektive Bedeutung hinzu[4] (Jung, GW Bd. 4, § 674). Er geht davon aus, dass der menschliche Geist durch Ziele und Intentionen ebenso charakterisiert ist wie durch Gründe. Jung spricht den Symbolen in Räumen und Phantasien als Produkte des Unbewussten eine Sinnhaftigkeit zu. Er reduziert die Bedeutung von Symbolen als Produkte des Unbewussten nicht auf Persönliches, sondern setzt sie in Analogie zur Mythologie oder zu kollektiven, archetypischen Symbolen. Er geht davon aus, dass gewisse kollektiv vorhandene unbewusste Bedingungen als Regulatoren und Anreger der schöpferischen Phantasietätigkeit vorhanden sind und entsprechende Symbolbilder im persönlichen Unterbewusstsein des Patienten anstoßen (Jung, GW Bd. 8, § 403). Durch die Methode der Amplifikation, bei welcher das Symbol möglichst umfassend erfasst werden soll, werden die möglichen überpersönlichen Bedeutungszusammenhänge des Symbols ausgelegt. Ausgehend von der Frage, was dieses Symbol im individuellen Erfahrungszusammenhang des Patienten darstellt, wird darüber hinaus

---

4 Seine eigene Methode, die nicht nur die analytische und kausale, sondern eine verknüpfende und prospektive sein soll, grenzt er als *Zürcher Schule* von der *Wiener Schule* Freuds ab: »Die Wiener Schule nimmt einen ausschliesslich sexualisischen Standpunkt ein, während die Zürcher Schule eine symbolische Auffassung vertritt. Die Wiener Schule interpretiert das psychologische Symbol semiotisch, als ein Zeichen von gewissen primitiven psychosexuellen Vorgängen. Ihre Methode ist die analytische und kausale. Die Zürcher Schule erkennt die wissenschaftliche Möglichkeit einer solchen Konzeption an, bestreitet aber deren ausschliessliche Gültigkeit, denn sie deutet das psychologische Symbol nicht nur semiotisch, sondern auch symbolistisch, das heisst, sie misst dem Symbol einen positiven Wert zu.« (Jung, GW Bd. 4, § 673)

gefragt, was dieses in unterschiedlichen Situationen, Religionen und Kulturen bedeuten kann. Das erweiterte Bedeutungsfeld des Symbols erlaubt dem Patienten entsprechend seiner inneren Resonanz eine Annäherung an die persönliche Relevanz und Bedeutung des Symbols für einen Lebenszusammenhang. Dieser finale und sinnsuchende Zugang zum Symbol ermöglichte Jung eine neue Lesung von Traum- und Phantasieinhalten, welche die bewusste Integration von mit dem Bewusstsein sonst unvereinbaren archaischen Tendenzen ermöglicht. Jung geht von der dynamischen Selbstregulation der Psyche aus, wobei Symbole als regulierende und kompensierende Faktoren auftreten können. Strukturell erkennt er eine grundsätzliche Polarität der Psyche, welche sich beispielsweise in den Spannungsfeldern von Extraversion und Intraversion oder Progression und Regression bewegt. Auch vor diesem Hintergrund bedeuten Phantasien für Jung mehr als semiotische Ausdrücke, sie seien zugleich »Repräsentanten des anderen Mechanismus, also beim Introvertierten der verdrängten Extraversion, beim Extravertierten der verdrängten Intraversion« (Jung, GW Bd. 6, § 93). Durch die unterentwickelte Form der gegensätzlichen Funktion bleibt diese unbewusst, bis sie über die Imagination einen Ausdruck erhält und bewusst integriert werden kann (Jung, GW Bd. 6, § 93). Er unterscheidet jedoch explizit zwischen einer passiven Form der Phantasie, welche oftmals »den Stempel des Kranken und Abnormen« trage, und einer aktiven Form als Ausdruck kreativer menschlicher Geistestätigkeit. Während in der aktiven Imagination die bewusste und unbewusste Persönlichkeit des Subjekts in einem gemeinsamen und vereinigenden Produkt zusammenfließen, ist die passive Imagination Ausdruck einer noch nicht zur Einheit gelangten Individualität, weil sie noch eine starke Dissoziation zwischen bewusst und unbewusst voraussetzt (Jung, GW Bd. 6, § 784).

Zentral für Jungs Krankheitsverständnis ist seine These, dass psychische Störungen dadurch gekennzeichnet sind, dass die Verbindung zwischen dem bewussten und dem unbewussten Erleben des Patienten gestört, also die transzendente Funktion als Vermittlerin beider Dynamiken blockiert ist: »Der Neurotische leidet im Grund an einer Dissoziation des Unbewussten vom Bewussten« (Jung, GW Bd. 4, § 761). Auf dem rein rationalen Verständigungsweg allein lässt sich diese Verbindung in der Regel nicht wiederherstellen, weshalb das Malen und die Aktive Imagination als kreative, körperbezogene Methoden vorschlägt. Diese Methoden ermöglichen – sofern die Terminologie Winnicotts aufgenommen wird – die kreative Schaffung von eigenen Objekten im Übergangsraum, der durch die Analyse und die entsprechend unterstützende Haltung des Analytikers gehalten wird. Der Zugang zum Unbewussten wird vor dem Hintergrund der korrigierenden Beziehungserfahrung mit der Analytikerin auf eine selbstwirksame, nicht-bedrohliche Weise verstärkt. Diese kreativen, körperbezogenen Selbsterfahrungen während der Psychoanalyse sind für Jung wesentlicher Schlüssel zum Gelingen des analytischen Entwicklungsprozesses, dessen Ziel die »Hervorbringung eines seelischen Zustandes« ist, »in welchem der Patient anfängt, mit seinem Wesen zu experimentieren, wo nichts mehr für immer gegeben und hoffnungslos versteinert ist, ein Zustand der Flüssigkeit, der Veränderung, des Werdens.« (Jung, GW Bd. 16, § 99)

Mit diesem Prozess einhergehend bleibt in der Analytischen Psychotherapie die bewusste Konfrontation mit dem eigenen Schatten unausweichlich. Nicht immer kann die innere »Versteinerung« aufgelöst werden. Dies gilt insbesondere für die psychotherapeutische Arbeit mit traumatisierten Patienten (▶ Kap. 8).

5.5 Jungs autobiographische Stellungnahme zur Erfahrung der Dissoziation

Wie Jung in seiner Autobiographie beschreibt, liegt seinem Verständnis der psychischen Dissoziationsmechanismen auch seine eigene Kindheitserfahrung zugrunde. Durch die lange Krankheitsabwesenheit seiner Mutter in seiner frühen Kindheit beschreibt er seine Muttererfahrung einerseits durch eine »natürliche Unzuverlässigkeit«. Er erlebt sie zuweilen als angsteinflößend mächtig, unfassbar. Gleichzeitig faszinierte ihn ihre andere Seite, welche eine »animalische Wärme« ausstrahlte, gemütlich und redselig war, sowie durch literarische Begabung und Tiefgang ausgezeichnet (Jung, 2009, S. 63). Er beschreibt, dass er seine Mutter bereits früh als doppelseitige Persönlichkeit wahrgenommen habe und erzählt von ihr rückblickend als von einer Persönlichkeit 1 und einer Persönlichkeit 2 (Jung, 2009, S. 75). Anhand seiner Selbstbeschreibung wird deutlich, dass er diese Doppelseitigkeit retrospektiv auch an sich selbst identifizierte. Er schildert, wie er während seiner Kindheit nach diversen Unfällen und aufgrund von Enttäuschungen ein Misstrauen dem Leben und dem etablierten Wissen gegenüber entwickelte, das ihn tief verunsicherte. Seine Mutter erlebte er von einer teils hysterischen Seite, sodass er ihren Geschichten nur noch mit Vorsicht glaubte und wenig Persönliches mit ihr teilte. Die erhofften Antworten auf seine drängenden Sinnfragen über Gott und das Böse konnten von seinem Vater, einem protestantischen Pfarrer, nicht beantwortet werden. Diese Einsicht unterband einerseits die Idealisierung seines Vaters, andererseits führte sie zu einer Desillusionierung der Kirche gegenüber. In der Schule fühlte er sich mehrheitlich isoliert oder missverstanden mit seinen Fragen, die aus einer intuitiven und drängenden Innenwelt gespeist waren. Er beschreibt, wie er sich selbst, nach diversen Unfalltraumata in der Kindheit und einer beängstigenden Begegnung auf der Straße, durch eine innere Imagination beruhigte, die er – vermutlich in Anlehnung an Janet – durch die Unterscheidung einer Persönlichkeit 1 und einer Persönlichkeit 2 beschreibt. Während die Persönlichkeit 1 für den sich minderwertig und unsicher fühlenden Schuljungen stand, kompensierte er diese Seite durch die Persönlichkeit 2, welche in der Identifikation mit einem starken inneren Mann bestand, der Jung vor der Überwältigung durch unerträgliche Gefühle von Scham, Demütigung und Wut schützte.

> »Da fiel mir zu meiner grossen Verwirrung ein, dass ich eigentlich und in Wirklichkeit zwei verschiedene Personen war. Die eine war der Schuljunge, der Mathematik nicht begreifen konnte und nicht einmal seiner selbst sicher war, die andere war bedeutend, von grosser Autorität, ein Mann, der nicht mit sich spassen liess […].« (Jung, 2009, S. 48)

Der unsicheren, verletzlichen Seite gegenüber entwickelt Jung einen großen Wissensdurst; in seinen Forschungsversuchen konnte er mit zunehmender Kompetenz und Wissen soziale, geistige und wissenschaftliche Zusammenhänge erfassen. Enttäuscht, dass weder die Theologen noch die Philosophen die Frage nach Gott und dem Bösen, nach dem Sinn des menschlichen Lebens beantworten können, entwickelt er ein genuines Interesse an der

5.5 Jungs autobiographische Stellungnahme zur Erfahrung der Dissoziation

Funktionsweise der Psyche und der Gesellschaft. Er empfand die beiden Seiten seiner Persönlichkeit besonders deutlich nach einer Erfahrung in seiner Jugend, die er als traumatisch erlebte. Der Lehrer warf ihm zu Unrecht vor versammelter Klasse vor, er habe seinen Aufsatz aus einem Buch abgeschrieben. Trotz seinem Versuch, seine Unschuld nachzuweisen, wurde er vor der Klasse gedemütigt, die Schande blieb auf ihm sitzen. Im Erleben seiner inneren Aufruhr der Persönlichkeit 1 beschreibt er, wie er plötzlich ruhig wurde und zu Persönlichkeit 2 umschaltet, welche die Bedeutung des Ereignisses aus der Sicht eines ruhigen alten Mannes relativierte, der sich für »die Unendlichkeit des Kosmos« und das »bodenlose Geheimnis des Seins« interessierte. Über die Imagination einer reiferen Seite im Bild eines älteren Mannes gewann er ein innerliches Refugium. Mit seiner »Persönlichkeit 1« las er Romane, Literatur, Gedichte, Bücher zur Geschichte und Naturwissenschaft. Mit der »Persönlichkeit 2« begann in seiner Jugend er eine zurückgezogene, ausdauernde Auseinandersetzung mit religiösen und philosophischen Schriften, in denen er nach Antworten auf seine Sinnfragen suchte (Jung, 2009, S. 79). Er beschreibt, dass ihn diese Seite während der Adoleszenz zunehmend depressiv machte und ihn gegenüber von anderen Menschen isolierte. Es zeichnete sich ab, dass längerfristig eine Integration beider Anteile als Entwicklungsschritt notwendig sein würde. Zwischen 16 und 19 Jahren beschreibt Jung die Bewusstwerdung seines inneren Dilemmas: Sein »aktives und erfassendes«, auf die Außenrealität gerichtetes Ich wurde stärker, die wissenschaftliche Ausrichtung der »Persönlichkeit 1« nahm zu. Die noch fehlende Überbrückung beider Teilpersönlichkeiten wird schmerzlich bewusst:

> »Es wäre mir damals, wie schon gesagt, nicht möglich gewesen, meine Gefühle und Ahnungen in anschaulicher Weise zu formulieren, denn sie ereigneten sich in Nr. 2, während mein aktives und erfassendes Ich, Nr. 1, sich passiv verhielt und aufgenommen war in die Sphäre des ›alten Mannes‹, der in die Jahrhunderte gehörte. Ich erlebte ihn in seinem Einfluss merkwürdig unreflektiert: Wenn er gegenwärtig war, verblasste Nr. 1 bis zum Nichtvorhandensein, und wenn das Ich, das mit Nr. 1 in zunehmendem Masse identisch wurde, die Szene beherrschte, dann war der ›alte Mann‹, wenn überhaupt erinnert, ein ferner und unwirklicher Traum.« (Jung, 2009, S. 84)

Durch die Beschreibung dieser Selbsterfahrung wird nachvollziehbar, dass Jung die Einsicht in die Funktionsweise psychischer Komplexe und die

Identifikation der dissoziativen Symptomatik auch durch die Auseinandersetzung mit und Durcharbeitung seiner eigenen emotionalen Anteile und Verletzungen erworben hat. Im Laufe seiner persönlichen Entwicklung, insbesondere jedoch ersichtlich an der Entwicklung seiner Theorie der Analytischen Psychologie, spiegelt sich die Integrationsleistung zwischen bewussten und unbewussten Anteilen der Psyche in vielfacher Weise. Die Annahmen vom Primat der Psyche sowie von deren intrinsischer Polarität, und die Formulierung des Ziels des Individuationsprozesses, welches in der Überbrückung innerer Gegensätze wie zwischen bewusster und unbewusster Einstellung oder zwischen introvertiertem und extrovertiertem Weltverhältnis beschreibt, ist letztlich auch eine Folge der eigenen Entwicklung, die Jung bekennt. Der Archetyp des *verwundeten Arztes* (*Wounded Healer*), aber auch die Bedeutung der Selbsterfahrung für das therapeutische Arbeiten an sich erhalten vor diesem Hintergrund Gewicht. Die Sparsamkeit an allgemeinen Annahmen, die Jungs therapeutischen Zugang auszeichnet, der seine eigene Theorie als eine von verschiedenen Theorien bezeichnet und bereit ist, das psychoanalytische Verfahren je nach Individuum neu zu durchdenken, um angepasst auf die jeweilige Sinn- und Symbolwelt des einzelnen Analysanden zu arbeiten, wurzelt in seinen eigenen Erfahrungen als junger Mensch und später als Psychiater. Diese Erfahrungen hat er akribisch und gewissenhaft angereichert, studiert und in die Analytische Psychologie als Erfahrungswissenschaft übersetzt. Jungs Theorie ist ein Plädoyer für das Primat der Psyche als Schlüssel zum Verstehen individuellen Verhaltens und kollektiver Zusammenhänge. Seine analytische Auseinandersetzung mit der *Innenperspektive* ist für das Verstehen von Dissoziationsmechanismen und für das Verstehen sogenannter innerer *Trauma-Welten* wertvoll. Der Begriff der Trauma-Welten wird gegenwärtig insbesondere von der Anthropologin Daniela Sieff gebraucht, um die spezifischen innerpsychischen Dynamiken traumatisierter Menschen zu beschreiben (Sieff, 2017).

6 Nach Jung: Klassische und neuere Ansätze der Analytischen Trauma-Psychotherapie

Im Rahmen der vorliegenden Arbeit ist nur ein eingeschränkter Überblick über die aktuellen jungschen Ansätze möglich. Autoren mit einem analytisch-psychologischen Hintergrund wie Emmett Early, John Wilson oder Donald Kalsched haben die analytische Trauma-Theorie durch eine archetypische Dimension erweitert (Early, 1993; Kalsched, 1996, 2003). Early hat in den 1990er Jahren eine erste systematische Auseinandersetzung mit dem Phänomen der Traumatisierung geleistet. Er nimmt das Krankheitsbild der PTBS zum Ausgangspunkt, unterscheidet jedoch je nach Alter und Reifegrad der Persönlichkeit zwischen verschiedenen Intensitäten von Traumata. Ausgehend von der Komplextheorie und mit Schwerpunkt auf der Analyse seiner Gegenübertragungserfahrungen mit PTBS-Patienten sieht er in der Arbeit mit Narrativen, Mythen, Volksmärchen und Legenden einen Ansatzpunkt, um mit der archetypischen Dimension individueller Traumatisierung und am bewussten Zugang zu unbewussten Dynamiken zu arbeiten. Ziel ist dabei, dass der oder die Betroffene über die Auseinandersetzung mit Geschichten, die seine oder ihre Erfahrungen spiegeln, ein kohärentes Narrativ der eigenen Lebensgeschichte entwickelt. Monika Götz-Goerke hat im deutschsprachigen Raum ein Buch zur Psychoanalytischen Therapie mit früh traumatisierten Patienten geschrieben, welches eine theoretisch fundierte und praktische anwendbare Grundlage bietet, um analytisch und imaginativ mit traumatisierten Patientinnen und Patienten zu arbeiten (Götz-Goerke, 2007). In den USA wurde mit der *Intensive Trauma Therapy (ITT)* in den 1980er und 1990er Jahren eine kunstorientierte Therapieform entwickelt, die beispielsweise in der Lehre am Jung-Institut in New York aufgenommen wird (Prasad, Howie & Kristel, 2013, S. 35–40). Louise Reddemann hat mit der *Psychodynamisch Imaginativen Traumatherapie (PITT)* einen verbreiteten Ansatz zur imaginativen Traumatherapie entwickelt (Reddemann, 2011). Isabelle Meier hat es mit dem 2017 erschienenen Buch *Komplexe und Dissoziationen* unternommen, die jungsche Komplextheorie zu revidieren und den Zusammenhang zu aktuellen schulenspezifischen Dissoziationsverständnissen herzustellen (Meier, 2017). Schulenübergreifend hat neben den mentalisierungs- und emotionsfokussierten Therapien die Arbeit mit imaginativen und körpertherapeutischen Techniken zugenommen (Fischer, Barwinski, Becker-Fischer & Eichenberg, 2011; Krüger, 2012; Reddemann, 2011). Ziel dieser Interventionen ist ein ganzheitlicheres und kohärentes Selbst-, Beziehungs- und Welterleben des Patienten zu erreichen. Bis anhin abgespaltene Anteile zu integrieren bedeutet, dass eine realistische Wahrnehmung und Differenzierung der inneren und äußeren Realität möglich wird. Traumatische Geschehnisse werden bei der willkürlichen oder unwillkürlichen Erinnerung daran nicht mehr als emotional gleich anstrengend und überflutend erlebt wie die ursprüngliche Erfahrung selbst.

Kalsched entwickelt in *The Inner World of Trauma* ein Modell, welches die Abwehrmechanismen und Konflikte traumatisierter Menschen darstellt. Ebenfalls liefert er eine Übersicht über den zeitgenössischen Stand der analytisch ausgerichteten Trauma-Forschung (Kalsched, 1996). Margaret Wilkinson bezieht mit ihrem neurowissenschaftlich unterlegten Standpunkt Stellung zur analytisch fokussierten Überwindung von Dissoziationen (Wilkinson, 2005). Daniela Sieff hat aus anthropologischer Sicht und mit Rückgriff auf Interviews mit namhaften Trauma-Spezialisten die Dynamiken der innerpsychischen Welt von Patientinnen und Patienten beschrieben. Sie fokussiert hinsichtlich der therapeutischen Implikationen insbesondere auf die Emotionen von Schuld und Scham (Sieff, 2015, 2017). Autorinnen wie Marion Woodman und Joan Chodorow haben auf der Grundlage von Erkenntnissen aus der Analytischen Psychologie die ganzheitliche und körperorientierte Arbeit im Umgang mit traumatisierten Menschen weiterentwickelt (Chodorow, 1991; Woodman, 1980, 1982).

6.1 Archetypische Erfahrungen und Bilder als Kern der individuellen Traumatisierung

Early geht in seiner Studie zunächst von seiner Erfahrung im Umgang mit PTBS-Patienten in den USA (insb. Kriegsveteranen) aus. Er beschreibt den therapeutischen Zugang über den geistigen, imaginativen Ausdruck der Patienten und anhand seiner eigenen Gegenübertragungserfahrungen. Letztere beschreibt er spezifisch in der Auslösung von archetypischen Phantasien und in der Erinnerung an kollektive Kriegsmythen, Heldengeschichten oder spezifische Narrative aus der Literatur, welche eine Einbettung der individuellen Leidensgeschichte der Patienten anstoßen (Early, 1993). Er stellte fest, dass oftmals Kindheitstraumata unter den Kriegs- oder sonstigen Akut-Traumata schwelgten, deren Bearbeitung für die Überwindung der PTBS entscheidend waren. Er versuchte entsprechend, die Klassen und Intensitäten von Traumatisierungen sowie die verschiedenen archetypischen Dimensionen zu systematisieren. Early unterscheidet zusätzlich zu Unfalltraumata, sexuellen Traumata, durch natürliche Ursachen wie Naturkatastrophen verursachten Traumata oder Kriegstraumata auch zwischen einem neonatalen Trauma, einem Verlusttrauma und einem durch zwischenmenschliche physische oder psychische Gewalt verursachten Trauma (Early, 1993, S. 8 f.). Mit einer Unterscheidung von neun Stufen, welche Bezug nimmt auf das Alter, in dem die Person traumatisiert wurde, entwirft er eine hilfreiche Systematisierung, welche den Einbezug entwicklungspsychologischer Faktoren erlaubt. Traumata der 1. Stufe beschreibt er dadurch, dass die Person in einem wesentlich wehrlosen Zustand ist, wie das Neugeborene, welches gänzlich verletzlich und schutzbedürftig ist. Das Bewusstsein ist hier beschränkt auf die Körperwahrnehmungen als ein noch nicht mentalisierbares Körperbewusstsein. Erleidet das Neugeborene ein Trauma durch invasive Eingriffe, anhaltende Schmerzen oder Vernachlässigung, dann wird dies als existenzielle Bedrohung verankert, welche dazu führt, dass das Kind mit einer tiefen Verunsicherung ins Leben startet, ohne ein Vertrauen in sich und seine Umwelt aufgebaut zu haben. Erleidet das Kind Traumata im Kleinkindalter, in dem nach wie vor die Abhängigkeit vom Schutz und der

Ernährung durch andere besteht, wird das erste Stadium der Individuation, vom Kleinkind zum Kind, beeinträchtigt. Durch akzidentielle Traumata, die beispielsweise dadurch entstehen, dass das Kind von seinen Bezugspersonen regelmäßig allein gelassen wird, wenn es Fürsorge und Trost braucht, oder auf eine Weise bestraft wird, die sein emotionales Fassungsvermögen übersteigt, kann es aufgrund der noch präverbalen Verfassung, welche das Kleinkind sowohl an der Artikulation seines Zustands wie am Verstehen des Geschehens hindern, zu einer Traumatisierung kommen. Auch auf der 3. Stufe, bei Traumata in der frühen Kindheit, sind die mentalen Fähigkeiten bezüglich der Zeitwahrnehmung und der Angewiesenheit auf und Bedeutsamkeit von Vertrauenspersonen noch nicht vollständig entwickelt. Bedrohungssituationen werden in ihrer Dauer überschätzt und als *ewig* empfunden. Die Ermüdungsschwelle ist tiefer und der Übergang zum Erschöpfungszustand nahtlos. Die langsam bewusste eigene Identität kann durch Überstimulation leicht beeinträchtigt werden. Die noch primitiv ausgeprägten Abwehrmechanismen zum Schutz der Identität sind Verweigerung, Ablehnung, Dissoziation und Unterwerfung. Mit der Stufe 4 werden Traumata bezeichnet, die während entscheidender Entwicklungs- und Wachstumsphasen wie in der Adoleszenz geschehen. Während dieser Zeit der Identitätsformierung und Veränderung nehmen Verluste und Traumata, welche durch eine Bezugsperson erlitten werden, eine prominentere Bedeutung an, als wenn sie während einer stabilen Phase erlitten werden. Diese Zusammenhänge hat Bowlby hinsichtlich des Verlusts der Mutter bei adoleszenten Mädchen untersucht. Mit der Intensitätsstufe 5 bezeichnet Early Traumata, die durch ein einzelnes Ereignis entstehen. Dieses ist auf eine kurze Zeit beschränkt, geht jedoch mit einer lebensbedrohlichen Situation einher und ist nicht durch komplexe zwischenmenschliche Verletzungen begleitet. Beispiele sind momentanes Eingesperrtsein in einer Gefahrensituation, z. B. sich in einem brennenden Haus zu befinden oder auf der Straße ausgeraubt zu werden. Mit Stufe 6 bezeichnet Early Traumatisierungen, welche durch Behandlungen oder Pflegemaßnahmen erlitten werden, die zu einem ursprünglich erfolgten Trauma dazu kommen. Gemeint sind hierbei Situationen wie Operationen, bei denen die Anästhesie nicht wirkte, Fehldiagnosen oder Fehleinschätzungen bezüglich der erlittenen Traumatisierung. Mit Stufe 7 werden wiederholte Traumatisierungen bezeichnet, die mit ausweglosen Bedrohungen der Identität und des Wohlbefindens einhergehen. Wird die Wiederholung einer zwischenmenschlichen Traumatisierung immer wieder angedroht oder ausagiert, entwickelt die Person schrittweise eine Abstumpfung, sodass jede zusätzliche Wiederholung weniger dramatisch wahrgenommen wird – obwohl sich die psychischen Symptome der Traumatisierung kumulieren. Die Manifestation der traumatischen Dissoziation auf der strukturellen Ebene kann zu Persönlichkeitsveränderungen führen. Beispiele sind Opfer von häuslicher oder ethnischer Gewalt. Als Traumatisierungen der Stufe 8 werden über Monate und Jahre anhaltende Krisen und Zerstörungserfahrungen, wie sie durch Kriege oder Inhaftierung erlitten werden, bezeichnet. Sofern Brutalität und Grausamkeit regieren, Massaker oder Leiden wiederholt von einer Person erfahren oder bezeugt werden müssen, sinkt die Stabilität und Bewältigungskraft der Betroffenen sukzessive. Traumatisierungen der Stufe 9 sind verheerende Zustände, welche jeden Menschen überkommen, wenn die Landschaft oder Gemeinschaft durch Katastrophen zerstört werden und die Menschlichkeit auf die Erfahrung der Hilflosigkeit reduziert wird, wie beispielsweise nach atomaren Katastrophen (Early, 1993, S. 12 ff.). Obwohl diese Klassifizierung der Traumatisierungen nicht im Detail ausdifferenziert wird, bildet sie dennoch einen guten Ansatzpunkt zur spezifizierten Therapie.

Early ordnet verschiedenen Arten von Traumatisierungen unterschiedliche Narrative zu. Über Märchen, Mythen und Beispiele aus Film und Literatur versucht er, kollektive Umgangsweisen mit spezifischen Traumata zu identifizieren. Beispielsweise beschreibt er, wie die Märchen *Aschenbrödel* und *Schneewittchen* in der Therapie als Amplifikation und Hilfe verwendet werden können, um insbesondere weibliche Traumata aus der Mutterbeziehung in der Adoleszenz zu verarbeiten. In der Therapie von Männern, die an einem Trauma aus der Vaterbeziehung leiden, verwendet er Märchen wie *Die Schöne und das Biest*, um ein einseitig negatives Rollenverständnis oder gewalttätig besetzte Männerbilder zu thematisieren – das Märchen zeigt, dass hinter dem männlichen Monster durch Beziehung und Entwicklung ein Prinz hervorkommen kann. Attraktiv an Earlys Zusammenstellung ist, dass er die Narrative nicht auf die klassischen Märchen beschränkt, sondern auch Vorlagen wie das französische Musical *Die Eselshaut* – bei Patienten, welche insbesondere aufgrund von sexuellen

Traumata unter Dissoziationen im Selbst-Bild leiden –, oder Robert Louis Stevensons *Mr. Jekyll and Mr. Hyde* – bei Patienten, die aufgrund von chronischen Krankheiten dissoziativ eine selbstdestruktive Seite entwickeln – nutzt. In Anlehnung an Jungs These, dass Traumata besonders intensive Komplexe seien, die im Moment ihrer Aktivierung die Gesamtpsyche ‚gemäß dem lateinischen Wortursprung von *complector* (»umschlingen«, »verflechten« und »sich aneignen«), betont er die lebendige und dynamische Einheit des traumatischen Komplexes, der durch die verzerrte Ansammlung von Assoziationen wächst und im getriggerten Zustand Reaktionen bewirkt, die weit über das ursprüngliche Trauma hinausgehen und dieses oftmals verschleiern (Early, 1993, S. 4 f.). Er sieht jedoch im *Trauma-Komplex* auch die Quelle zur Überwindung, sofern das bewusste Erkennen und Integrieren des inneren *Verletzungspfads* zur Entwicklung aufrichtigen Mitgefühls und zur geistigen Entwicklung führen kann. Dieses ursprünglich ungewollte Bewusstsein kann zur Persönlichkeitsentwicklung beitragen, die letztlich auch in den sozialen, familiären oder gemeinschaftlichen Beziehungen Früchte trägt. Insbesondere zu Beginn der Auseinandersetzung bleibt der Schmerz, der mit dem Trauma unter der Dissoziation einhergeht, jedoch unaushaltbar. Der Trauma-Komplex zeigt sich anhand von Symptomen wie einem äußerst reagiblen Affekt, Intrusionen, Ängsten und Albträumen. Die langfristige Auseinandersetzung mit diesen Ausdrücken bezeichnet Early als Tunnel zum Unbewussten, der im Rahmen einer sicheren therapeutischen Begleitung den Zugang zur langsamen inneren Entwicklung ermöglicht (Early, 1993, S. 29 f.). Er sieht die psychodynamischen Phänomene der Dissoziation und Regression als Spiegel des Individuationsprozesses. Ziel der Trauma-Integration ist das (Zurück-)Gewinnen eines Lebenssinns und einer entsprechenden Lebensausrichtung:

> »The problems created by dissociation and repression in trauma disorder mimic the normal development of ego in the growth of consciousness. What can be learned from myths, legends, folk tales, and other popular products of our culture is the perspective that gives sense, meaning and direction in our approach to the trauma recovery process.« (Early, 1993, S. 34 f.)

Die jungsche Auffassung des Symbols, welche Earlys Überlegungen zugrunde liegt, ist dadurch gekennzeichnet, dass das Symbol bewusste und

6.1 Archetypische Erfahrungen und Bilder

unbewusste Anteile vereinigt. Es kann entsprechend die Bewusstwerdung unterschützen und dabei helfen, Dissoziationen zu überwinden. Symbole stehen in der Formulierung von Mario Jacoby »gleichsam an der Schwelle zwischen bewussten Wahrnehmungen oder Vorstellungen und der Einwirkung von Prozessen aus dem Unbewussten«. Entsprechend kann ein Symbol als vereinigendes Sinnbild fungieren: In der Auseinandersetzung mit kollektiven Geschichten kann der individuellen Geschichte auf der Metaebene oftmals eine sinnhafte Dimension eröffnet werden (Jacoby, 1998, S. 99).[5]

Während Early für den Zugang zum Unbewussten von Zeugnissen in Mythen, Legenden und Romanen ausgeht, setzt Götz-Goerke bei den inneren Bildern an, welche durch ihre eigene Emotionalität und Symbolkraft den Zugang zur inneren Trauma-Welt der Patienten herstellen lassen. Sie nimmt den starken Einfluss, den innere Bilder auf das Denken, Fühlen und Handeln ausüben können, zum Ausgangspunkt für ihre Darlegung (Götz-Goerke, 2007, S. 40 f.). Während »gute innere Bilder« zur positiven Stimmung und Handlungsweise beitragen können, dominieren bei traumatisierten Menschen negativ besetzte innere Bilder:

> »Angsterzeugende Bilder können übermächtig wirken und das weitere Denken und Handeln blockieren. Diese destruktiven Bilder können auch unbewusst eine destruktive Wirkung entfalten.« (Götz-Goerke, 2007, S. 41)

Innere Bilder können therapeutisch und diagnostisch fruchtbar sein. Für Götz-Goerke gibt es sieben Vorteile, welche die Arbeit mit Bildern auszeichnen. Einerseits dienen Bilder der Kommunikation. Als drittes Element im Raum können Patient und Therapeut über das Bild miteinander in Kontakt treten und die Wahrnehmungen austauschen. Die Bilder können dem Therapeuten Sehnsüchte, Konflikte oder Verletzungen ausdrücken, die noch nicht in Worten ausgedrückt werden können. Beim Versagen der verbalen Beschreibung des inneren Erlebens ist der Patient über seine Bilder und kreativen Ausdrücke emotional erreichbar. Der zweite Vorteil besteht

---

5 Pumla Gobodo-Madikizela und Chris N. van der Merwe haben unter dem Titel *Narrating our Healing. Perspectives on Working through Trauma* beschrieben, wie literarische Geschichten die kollektive und individuelle Überwindung von Traumata unterstützen können (Gobodo-Madikizela & van der Merwe, 2008.

in der entängstigenden Funktion des Malens, sofern es dem Patienten gelingt, seine inneren Bilder umzusetzen. Ein bedrohliches Realobjekt aber auch bedrohliche Selbstanteile, wie eine unbewusste Aggression, können auf ein Bildsymbol projiziert und darüber adressiert werden. Die Technik ist insbesondere bei frühgestörten Patienten hilfreich, die dadurch einerseits negative Emotionen, wie Hass oder Wut, besser ausdrücken können, aber auch zwischen der inneren und der äußeren Welt zu unterscheiden lernen. Wie beim gruppentherapeutischen Mythodrama werden die psychischen Inhalte zunächst auf einer Metaebene dargestellt (Guggenbühl, 1999). Dadurch können sich insbesondere Ich-schwache Menschen, welche die direkte Konfrontation mit dem persönlichen Konflikt noch nicht aushalten, über eine Verschiebung an den Konflikt heranwagen:

> »Es kann für einen Patienten leichter sein, sich mit dem Bild eines entwurzelten Baumes zu beschäftigen, als sich mit der eigenen Haltlosigkeit auseinanderzusetzen. Eine solche Verschiebung kann dann zunächst eine haltende Funktion bekommen.« (Götz-Goerke, 2007, S. 43)

Als dritten Vorteil bezeichnet Götz-Goerke, dass Bilder als Übergangsobjekte dienen können. Mit seinen Symbolgestalten erweise es sich als belastbarer und korrigierbarer als es eine menschliche Beziehung je sein könnte. Die Darstellung von zerstörerischen Szenen, Katastrophen oder Gefahren geschieht gefahrlos, ohne dass jemand geschädigt wird. Gerade zu Beginn einer Therapie, wenn die Aggression zurückgehalten wird, um die vertrauensvolle Atmosphäre nicht zu gefährden, kann sich diese abgespaltene Seite über das Bild zeigen:

> »Wenn Aggressionen auf ein Bild projiziert werden, kann dies für den Patienten entlastend sein, weil er die therapeutische Beziehung spannungsfreier erleben kann. Für viele früh gestörte Patienten stellt die vertrauensvolle, harmonische Atmosphäre zunächst die optimale Umgebung dar, innerhalb derer er sich entwickeln kann. Aus diesem Grund werden Aggressionen eher in den Beziehungen außerhalb der Therapie erfahren oder ausgelebt. Im Bild kann dieser abgespaltene Affekt jedoch dargestellt und dem Erleben zugänglich gemacht werden.« (Götz-Goerke, 2007, S. 43)

Als vierter Vorteil wird die Verstärkung des Arbeitsbündnisses beschrieben. Die gemeinsame Bildbetrachtung geschieht auf einer gleichwertigen Ebene. Einerseits verstärkt die Einstimmung des Therapeuten auf das Bild sein Mitgefühl, andererseits kann es die präsente und lebendige Kommunikation zwischen Patient und Therapeut verstärken. Mit dem fünften Vorteil bezeichnet Götz-Goerke den hermeneutischen Zusammenhang zwischen den singulären Ausdruckweisen und der Gesamtpsyche des Patienten. Die mikrokosmischen Ausdrücke im Bild oder in der Imagination wiederspiegeln den Makrokosmos der Gesamtpsyche auf eine Weise, dass die Überwindung von kleineren Konflikten oder die Integration von Dissoziationen sich auf den gesamten Menschen auswirken können. Weiter sieht Götz-Goerke Vorteile in der Arbeit mit Bildern darin, dass einerseits die Intuition, andererseits die Konzentration von Patient und Therapeut profitieren können. Das ausführliche und gewissenhafte Therapiemanual der Autorin ist auch dadurch ausgezeichnet, dass auch die Kontraindikationen des Arbeitens mit inneren Bildern beschrieben werden. Diese bestehen einerseits bei einer starken, psychotischen Regressionsgefahr, andererseits aber auch bei einer deutlichen, entfremdeten Verstärkung von destruktiven Bildern, beispielsweise mit sadistischem oder perversem Inhalt (Götz-Goerke, 2007, S. 47).

6.2 Innere Trauma-Welten, Trauma-Archetyp und Trauma-Komplex

Donald Kalsched hat mit Publikationen wie »The Inner World of Trauma« die gegenwärtig vielleicht populärste jungsche Auseinandersetzung mit der Trauma-Theorie geleistet. Er befasst sich mit der archetypisch geprägten Psychodynamik insbesondere bei komplex traumatisierten Menschen (Kalsched, 1996, 2003, 2013). Hilfreich ist sein Überblick über die zeitgenössischen Beiträge zur Trauma-Theorie aus der Analytischen Psychologie. Zentral für die Darstellung seiner Theorie ist die Diskussion der sogenannten *Duplex*-Figur. Die Grundannahme, die Winnicott mit dem falschen Selbst und Jung mit der Divergenz zwischen emotionaler und intellektueller Entwicklung bei Kindern mit Entwicklungstraumata beschreibt, lautet, dass die Traumatisierung zu einer Fragmentierung des Bewusstseins führt, bei der ein Teil des Ich-Komplexes in den infantilen Zustand regrediert (in der Terminologie von van der Hart et. al., 2008, S. 20: emotionale Persönlichkeit, EP, vgl. auch (▶ Kap. 4.4). Ein anderer Anteil entwickelt sich überdurchschnittlich schnell und leistet eine (Über-) Anpassung an die äußeren Bedingungen, damit das Kind in der Welt autonom überleben und funktionieren kann (nach Myers und van der Hart et. al., 2008: Anscheinend-normale-Persönlichkeit, ANP). Diese dyadische Struktur, bei der zwei innere Realitäten gleichzeitig existieren – eine kindlich hilflos bedürftige und eine protektive, überlebenstaugliche Teilpersönlichkeit –, die jedoch nicht emotional integriert, sondern voneinander strukturell dissoziiert sind, kennzeichnet die innere Welt der traumatisierten Person (Kalsched, 1996, S. 3 f.). Dem funktionalen Anteil entspricht in der inneren Welt ein übermächtiger Beschützer, der jedoch auch als Anpeitscher oder Verfolger internalisiert sein kann. Dieser Anteil schirmt den bedürftigen Anteil gleichzeitig rigide nach außen ab, wodurch er diesem die Chance nimmt, sich in Wechselwirkung mit Herausforderungen der äußeren Realität zu entwickeln. Kalsched bezeichnet die Dynamik zwischen den regressiven und den progressiven Selbstanteilen als archetypisches Selbstsorge-System der Psyche. Dieses System ist archaisch ausgeprägt – da es noch durch früh entwickelte Abwehrmechanismen wie Spaltung, projektive Identifikation, Idealisierung oder Diabolisierung, Trance-Zustände, Wechsel zwischen verschiedenen Identitäten, Depersonalisierung oder Abstumpfung gekennzeichnet ist. Manifestiert sich das traumatische Abwehrsystem, entsteht ein Teufelskreis: Der funktionierende Anteil der Persönlichkeit filtert alle Beziehungen zur Außenwelt als potentiell bedrohliche Gegebenheiten. Die ursprüngliche Schutzfunktion wird zu einer umfassenden Verhinderung spontaner und unbedachter Veräußerungen des Selbst in der Welt (Kalsched, 1996, S. 4). Im Extremfall verhält sich die protektive innere Schutzfigur wie ein dämonischer Wachmann, der innerhalb der Psyche brutaler und sadistischer regiert, als beispielsweise der ursprüngliche Täter (bzw. das Täter-Introjekt), von dem das Trauma ausging. Der selbstverstärkende und selbsttraumatisierende Kreislauf der Betroffenen führt dazu, dass Opfer psychischer Verletzung dadurch immer wieder in retraumatisierende Zustände und Situationen geraten. Auch nach Kalsched setzt die Trauma-Therapie entsprechend bei

6.2 Innere Trauma-Welten, Trauma-Archetyp und Trauma-Komplex

den inneren Bildern an, die diese Trauma-Spirale erkennen lassen und unterstützt durch den Analytiker bewusst werden lassen (Kalsched, 1996, S. 5 f.). Das Erkennen der inneren Trauma-Welten, in denen der Trauma-Komplex wie ein schwarzes Loch unterschiedliche psychische Erfahrungen einsaugt, einschwärzt und archetypische Abwehrmechanismen konstelliert, ist ein wesentlicher Bewusstseinsschritt in der Therapie. Gegenüber Vorstellungsbildern wie demjenigen eines schwarzen Lochs, einer inneren Duplex Figur oder eines inneren diabolischen Wächters können kompensatorische Bilder wie beispielsweise von sicheren Orten, inneren Helfern oder fairen Grenzwächtern entwickelt werden.

John Wilson hat Jungs Begriff des Trauma-Komplexes und die Auseinandersetzungen von Early und Kalshed aufgenommen und weiter ausgearbeitet. Ausgehend von generellen Merkmalen von Komplexen, die Jung festgehalten hat, führt Wilson die Begriffe *Trauma-Komplex*, *Trauma-Archetyp* und *Abgrundserfahrung (Abyss Experience)* ein (Wilson, 2004, S. 46). Sein Ziel ist es, die Konvergenz dieser Konzepte mit der PTBS-Diagnostik aufzuzeigen. Den Trauma-Komplex versteht er als dynamische Einheit, welche eine Art Zahnradeffekt auslöst: Durch die Kraft des Komplexes docken verschiedene Lebenserfahrungen, wie z. B. Trennungserfahrungen, Verluste, Trauer, Zurückweisungen oder Erniedrigungen, Vernachlässigung oder Missbrauch, an den traumatischen Komplex an (Wilson, 2004, S. 49). Wie bei einem Rädchensystem kommen verschiedene Komplexe oder Repräsentanzen mit in Bewegung, sobald der traumatische Komplex anschlägt. Die Komplexe sind je nach individueller Psychodynamik und Konstellation aneinandergekoppelt. So kann auch der traumatische Komplex durch andere Komplexreaktionen der Psyche getriggert werden. Dies führt zu fragmentierten, dissoziierten oder veränderten Bewusstseinszuständen – die Persönlichkeit wird von autonomen Komplexen gesteuert (Wilson, 2004, S. 51). Ziel der Therapie ist es, die Komplexlandschaft zu entflechten bzw. einzelne Komplexe durchzuarbeiten, bis sie ihre autonome Wirkung soweit verlieren, dass sie durch das Ich emotional gehalten und gesteuert werden können. Entsprechend wichtig ist es, auch bei traumatisierten Patienten nicht nur auf den eigentlichen Trauma-Komplex zu fokussieren, sondern die *niederschwelligeren* Komplexe, wie sie sich beispielsweise in Träumen zeigen, zu bearbeiten (▶ Kap. 6.3). Sofern dies nicht geschieht, kann es passieren, dass diejenigen Persönlichkeitsanteile, welche die Psyche im stressfreien Zustand im Gleichgewicht halten, immer wieder von einer Komplexlawine überrollt werden. Die psychodynamische Kraft, die ein traumatischer Komplex mobilisieren kann, erklärt auch seine Wirkung auf die gesamte psychische Organisation. Der Trauma-Komplex wird Teil der Selbststruktur und kann zu veränderten Ich-Prozessen, Identitätsverlust und Persönlichkeitsveränderungen führen (Wilson, 2004, S. 52).

Eine zusätzliche Dimension des Trauma-Komplexes, die Wilson hervorhebt, ist dessen Ausdruck in verschiedenen kulturellen und mythologischen Darstellungen. Je nach kulturellem Umfeld wird mit dem Trauma-Komplex unterschiedlich umgegangen: In der griechischen Mythologie setzt die Überwindung der Medusa die Aktivierung des Kriegerarchetypen voraus (▶ Kap. 3.3). Im westlichen Kulturkreis werden für den Umgang mit Traumatisierungen psychopathologische Klassifikationssysteme und Trauma-Therapien entwickelt. Unbewusste dysfunktionale Coping-Strategien (»Selbsttherapie-Versuche«) führen beispielsweise in den Alkoholismus oder Betäubungsmittelmissbrauch.

Analog zur jungschen Theorie, die davon ausgeht, dass jedem persönlichen Komplex ein überpersönlicher Archetyp aus dem kollektiven Unbewussten zugrunde liegt, setzt Wilson einen Trauma-Archetypen voraus. Dieser stellt universelle Formen der Erfahrung – sogenannte *Patterns of Behaviour* – dar. Diese universellen Formen menschlichen Verhaltens sind Teil des kollektiven Unbewussten. Zu den archetypischen *Verhaltensmustern* gehört bei Traumatisierten eine psychische Abgrundserfahrung als archetypischer Kern des Komplexes. Das physische Überleben und oder die psychologische Vitalität des Selbst sind im Moment der Traumatisierung existentiell gefährdet. Emotional bedeutet dies die Konfrontation mit Tod, Auflösung, Desintegration, Fragmentierung des Selbst. Damit einhergehen nach Wilson »elende Einsamkeit im Universum« und das Gefühl, »von Gott und der Menschheit« verlassen worden zu sein. Kalsched beschreibt die Abgrundserfahrung als innere Hölle, in der unvorstellbare sadistische, aggressive und folternde Erfahrungen durchgemacht werden. Dieses Spektrum von Gefühlen, das mit der traumatischen Abgrundserfahrung einher geht, führt im Extremfall zur verminderten emotionalen Responsivität oder zum psychischen Verstummen (Wilson, 2004, S. 58). Die Person verliert nicht nur die innerseelische Kohärenz, sondern fühlt sich ausge-

6.2 Innere Trauma-Welten, Trauma-Archetyp und Trauma-Komplex

liefert und vom Leben an sich im Stich gelassen. Wilson verweist zu Recht darauf, dass dies für den Einzelnen mehr bedeutet, als es aus den diagnostischen Kriterien im DSM ersichtlich ist. Zusätzlich zur Selbstentfremdung verlieren traumatisierte Menschen oftmals Teile des eigenen Weltvertrauens und den Zugang zur Spiritualität. Das Fehlen der innerseelischen Kohärenz und die Unfähigkeit, auf einen Sinn des eigenen Lebens zu vertrauen, führen zu Stagnation und Misstrauen. Polarisierte Bewertungs- und Glaubenssysteme unterscheiden rigide zwischen Schwarz und Weiß, Gut und Böse, Freund und Feind, Moral und Unmoral. Frühere Glaubenssysteme werden verworfen oder verändert. Zugleich können durch die Erfahrung des inneren Abgrunds (*Encounter with Darkness*) auch die spirituelle Entwicklung und die Individuation[6] angestoßen werden (Campbell, 1949; Wilson, 2004, S. 54).

Die Verbindungen, die Wilson zwischen der offiziellen Diagnostik und der jungschen Definition herstellt, sind als Grundlage für weitere Studien vielversprechend und hilfreich. Es ist ein klarer Verdienst von Wilson, dass er die konzeptionelle Brücke zwischen der psychopathologischen und der analytisch-psychologischen Denkweise im Detail rekonstruiert hat. Der spirituellen und mythologischen Dimension traumatischer Erfahrungen widmet sich Ursula Wirz vertieft in ihrem Buch *Stirb und Werde* (Wirz, 2018).

Mit seinem gründlich recherchierten Werk *Into the Darkest Places. Early Relational Trauma and Borderline States of Mind* hat Marcus West eine grundlegende Publikation zur Trauma-Therapie aus analytisch-psychologischer Sicht verfasst. Er situiert einerseits das analytische Krankheitsver-

---

[6] »Individuation bedeutet: zum Einzelwesen werden, und, insofern wir die Individualität unsere innerste, letzte und unvergleichbare Einzigartigkeit verstehen, zum eigenen Selbst werden. Man könnte ›Individuation‹ darum auch als ›Verselbstung‹ oder ›Selbstverwirklichung‹ übersetzen. […] Individuation kann daher nur einen psychologischen Entwicklungsprozess bedeuten, der die gegebenen Individuellen Bestimmungen erfüllt, mit anderen Worten, den Menschen zu dem bestimmten Einzelwesen macht, das er nun einmal ist. Damit wird er nicht ›selbstisch‹ im landläufigen Sinne, sondern er erfüllt bloss seine Eigenart, was, wie gesagt, von Egoismus oder Individualismus himmelweit verschieden ist.« (Jung, GW Bd. 7, §§ 266, 267)

ständnis im Verhältnis zur klinischen und psychoanalytischen Grundlagenliteratur. Andererseits beschreibt er, inwiefern sich die Arbeit mit traumatisierten Patientinnen und Patienten sowie die entsprechend tiefgehenden Übertragungs- und Gegenübertragungsphänomene in der Therapie von der Arbeit mit neurotischen Patienten unterscheiden (West, 2018, Kap. 7, 11, 13). Über den in dieser Einführung beschränkten Überblick hinausgehend beschreibt er insbesondere die narzisstischen Verletzungen früher Traumatisierung (West, Kap. 5, 9), die Zusammenhänge der Ich-Selbst-Achse[7] (West, Kap. 8) sowie die Haltung und Übertragungsfallen des Analytikers (West, Kap. 11–13). Ausführlich behandelt er die primitiven Abwehrmechanismen der projektiven Identifikation, Spaltung und Idealisierung (West, Kap. 2). Hervorheben möchte ich seine Reflexion über die Ich-Perspektive des Analytikers bei der Begleitung von Trauma-Patienten. West verwendet als Analogie für diesen Prozess die Reise von Orpheus durch die Unterwelt auf der Suche nach Eurydike, die nach einem Schlangenbiss gestorben war (West, Kap. 12).

Zwei Autorinnen, welche den neuropsychologischen und anthropologischen Hintergrund von Trauma-Dynamiken untersuchen, sind Margaret Wilkinson und Daniela Sieff. Wilkinson beschreibt, inwiefern bei Patienten mit frühen Traumatisierungen die Fähigkeit zur unverzerrten Selbstreflexion durch dissoziative Abwehrmechanismen beeinträchtigt ist. Im Gehirn existieren zwei separate Erinnerungssysteme. Die rechte Hemisphäre steuert das Bewusstsein des physischen und emotionalen Selbst. Diese frühsten Erinnerungen sind implizit, unbewusst, emotional und unzugänglich abgespeichert. Die graduell erworbenen Fähigkeiten zur Affektregulation und zur konditionierten Response prägen die fundamentalsten Seins- und Verhaltensweisen der Person. Die linke Gehirnhälfte umfasst das linguistische Bewusstsein, das Explizite, also bewusste, informative und zugängliche Bewusstsein, wie es sich ab drei Jahren formiert. Das Gehirn prozessiert Erfahrungen zunächst über das Kleinhirn und das Zwischenhirn, bevor es den Neocortex erreicht und bewusst gedacht oder verstanden werden kann. Die Reaktion des Gehirns auf Traumatisierungen besteht

---

[7] Zu den jungschen Begriffen Selbst, Ich-Selbst-Achse, Ich-Komplex vgl. Daniel (2018).

6.2 Innere Trauma-Welten, Trauma-Archetyp und Trauma-Komplex

primär darin, dass der Gehirnbalken (*corpus callosum*), der beide Hirnhälften verbindet, im Zustand des Arousals nur reduziert funktioniert. Dadurch kommt es zur Dissoziation zwischen Empfindung, Verhalten, Bild und Bedeutung des Erlebnisses. Durch diesen Schutzmechanismus wird es unmöglich, eine einheitliche Erinnerung oder ein deutliches Narrativ des Traumas zu erlangen. Die Verschlüsselung bleibt im emotionalen Gedächtnis und dem Körperbewusstsein hängen, wodurch die Psyche zur Bewältigung auf die primitiven Abwehrstrategien dieser Gehirnareale beschränkt bleibt (Wilkinson, 2005, S. 487). Diese Zusammenhänge erklären, weshalb Kinder oftmals traumatisiertes Verhalten zeigen, ohne dass eine bewusste Erinnerung an die Verletzung vorhanden ist. Die Erfahrungen werden jedoch oftmals unbewusst im Spielverhalten und in archetypischen (Angst-)Phantasien und Träumen reproduziert, weshalb diese diagnostisch wichtig sind (Wilkinson, 2005, S. 489 f.).

Wilkinson beschreibt, dass der Analytiker zum Container werden kann, der die fragmentierten, unaushaltbaren Erinnerungsstücke und unbewussten Ausdrücke mit einer hermeneutischen Einstellung halten und deren Co-Existenz und allfällige Widersprüchlichkeit aushalten kann. Die Fähigkeit des Analytikers müsse darin bestehen, gleichzeitig in Beziehung zum inneren traumatisierten Kind und zur *alltäglichen* Person und ihren Konflikten zu sein. Dies erlaubt der Person die langsame Integration der eigenen Anteile und die Erfahrung einer wiedererlangten inneren Ganzheit im Sinne einer Individuationserfahrung (Wilkinson, 2005, S. 491).

Ausgehend von den Schriften der insbesondere in den USA bekannten Analytikerin und Körpertherapeutin Marion Woodman rekonstruiert Daniela Sieff das Geschehen in den inneren Trauma-Welten in einer für traumatisierte Menschen subjektiv nachvollziehbaren Weise. Sie beschreibt die dominanten Folgen, welche traumatisierte Menschen erleben, über das anhaltende Gefühl der *Überwachsamkeit (Hypervigilance)*, des *Gefühls der Unverbundenheit (Disconnection)* und des *Schamgefühls (Shame)*. Das subjektive Erleben der inneren Trauma-Welt geht damit einher, dass die äußere Welt durch einen Schleier der Angst wahrgenommen wird. Instinktiv treten traumatisierte Menschen mit einem *impliziten* bzw. *verkörperten (embodied)* Misstrauen an andere Menschen, neue Situationen und Gelegenheiten heran. Diese Einstellung entspricht einer anhaltenden inneren Überwachsamkeit, welche ein inneres Sicherheitsgefühl unterminiert.

Dadurch, dass gewisse Anteile der Person durch die Traumatisierung dissoziiert werden, also als ausgelöscht erfahren werden, entsteht das Gefühl einer inneren Distanz zu den eigenen Emotionen, dem Körper und Aspekten der eigenen Persönlichkeit. Diese anhaltende Unverbundenheit entspricht dem Gefühl einer Selbstentfremdung. Dadurch, dass die Identität traumatisierter Menschen mit dem instinktiven Gefühl verwoben wird, hilflos, inadäquat oder wertlos zu sein, führt dies zu einer oft unbewussten Scham (▶ Kap. 3.1). Das Selbstwertgefühl wird nachhaltig beeinträchtigt, wodurch die Person sich als unwürdig für Beziehungen zu anderen Menschen empfindet (Sieff, 2017, S. 2). Kinder, die von ihren Eltern nie erfahren durften, dass sie intrinsisch wertvoll sind, sind besonders anfällig für diese Dimension der Traumatisierung, da sie aufgrund dieser *Basisbeschämung* bereits Minderwertigkeitsgefühle und Selbstabwertungen internalisiert haben (sowie damit einhergehend oftmals einen Hang zur narzisstischen Selbsterhöhung in sich tragen). Die von Sieff anschaulich beschriebenen Befindlichkeiten der ängstlichen Überwachsamkeit, der einsamen Unverbundenheit mit sich selbst und des schambesetzen, tiefen Selbstwertgefühls sind über Verhaltensbeobachtung und Körpersprache oft einfacher identifizierbar als im Gespräch. Hier setzen körper- und tanztherapeutische Ansätze an. Bevor diese erörtert werden, werden klassische Therapiemethoden der Analytischen Psychotherapie kurz eingeführt.

6.3 Traumdeutung und Aktive Imagination – klassische Zugänge der Analytischen Psychologie

Ausgehend von Jungs Erfahrungen bei der Begleitung therapeutischer Prozesse finden auch klassische Methoden wie die Traumdeutung, die Sandspieltherapie und die Aktive Imagination in den Trauma-theoretischen Weiterentwicklungen Anwendung. Um den Einsatz dieser Methoden im Bereich der Trauma-Therapie zu beleuchten, verdienen sie eine kurze Einführung.

Gegenüber der freudschen Auffassung vom Wesen der Träume als *Wunscherfüllung* nimmt Jung den Standpunkt ein, der Traum sei eine spontane Selbstdarstellung der aktuellen Lage des Unbewussten in symbolischer Form (Jung, GW Bd. 8, § 291). Entsprechend enthält der Traum nach Jung keine durch einen inneren Zensor verschlüsselten Botschaften, sondern ist genau das, was er darstellt (Roesler, 2010, S. 83). Das Unbewusste drückt sich jedoch über Bilder und Symbolsprache aus, welche psychologisch übersetzt werden müssen. Dazu wird die Methode der Amplifikation angewandt. Die Bilder und Symbole des Traums werden durch mythologische Parallelen oder kulturhistorisches Material angereichert. Durch die persönliche Amplifikation (im Gegensatz zur freien Assoziation bei Freud) wird das Deutungsfeld zusätzlich zur Diskussion des Kontexts und der persönlichen und kollektiven Assoziationen zum Traum um eine Dimension erweitert. Die Resonanz des Patienten lenkt die vertiefte Interpretation. Leitend ist für Jung der Grundsatz, dass der Traum zunächst unverstehbar ist.[8] Die Unvoreingenommenheit des Analytikers und die Bereitschaft, die Einzelpsyche nicht anhand von allgemeinen Deutungsschemata verstehen zu wollen, ist grundlegend für die analytische Haltung.

Die Annahme, dass der Psyche eine selbstregulierende Funktion (»immanente psychologische Zielstrebigkeit, Zwecksinn« (Jung, GW Bd. 8, § 269)) innewohnt, veranlasste Jung dazu, neben der kausalen auch eine finale Betrachtung von Träumen zu vertreten. Er sieht in den Träumen eine prospektive, finale Funktion. Ausgehend von der Parallele zur organischen Regeneration beispielsweise bei Verletzungen nimmt Jung an, dass auch die Psyche mit regenerativen und wiederherstellenden Mechanismen reagiert.

---

8 »Um an den eigentlichen Traumsinn heranzukommen, versuche ich daher, den Traum aufzulösen: mich auf das Ausgangsbild zu konzentrieren und dazu Einfälle zu sammeln, und zwar von allen Seiten. Ich gehe also **konzentrisch** vor, im Gegensatz zum freien Assoziieren, das sich vom Traumbild sozusagen in Zickzack-Linien entfernt und irgendwo landet. [...] Ich nenne diese Methode im Gegensatz zur ›reductio in primam figuram‹ *amplificatio*, das heisst: Erweiterung. Ich gehe dabei von dem sehr einfachen Grundsatz aus, dass ich nichts vom Traum verstehe, nicht weiss, was er heisst, und mir auch keine Idee davon mache, wie das Traumbild im Geiste jedes Menschen eingebettet ist. Ich erweitere ein vorhandenes Bild bis zur Sichtbarkeit.« (Jung & Jung, 1987, S. 37)

Die prospektive Funktion der Träume besteht darin, unbewusste Lösungsentwürfe für bestimmte Konflikte und Probleme zu spiegeln und dem Bewusstsein zur Verfügung zu stellen (Dieckmann, 2003, S. 109 f.). Hartmann (1998) assoziiert damit hinsichtlich der Arbeit mit traumatisierten Menschen beispielsweise die Leistung der Träume, unbewältigte Affekte so in den Kontext des Erfahrungswissens einzubauen, dass posttraumatische Affekte abgemildert werden (zitiert von Roesler, 2010, S. 93). Träume gelten in diesem Sinne in der Analytischen Psychologie als Bausteine des Individuationsprozesses, als Botschaften des Unbewussten, die auf die Ganzheit und Selbstwerdung der Persönlichkeit abzielen. Träumen wird also ein kompensatorischer Gehalt zugesprochen: Das Unbewusste versucht durch den Traum eine zu enge oder zu einseitige Auffassung des Ich-Bewusstseins zu korrigieren. Er zeigt gegensätzliche oder ergänzende Standpunkte auf (Adam, 2011, S. 331). Das Prinzip der Psyche, welches die Spannung zwischen dem Unbewussten und dem Bewusstsein durch Traum- bzw. Symbolbildungen überbrückt, nennt Jung die »Transzendente Funktion« (Jung, GW Bd. 8, § 131–193).

Bei der Trauminterpretation wird zwischen subjektstufiger und objektstufiger Deutung unterschieden. Auf der Objektstufe werden Traumfiguren und Symbole mit realen Objekten in der Außenwelt des Träumenden gleichgesetzt. Die Beziehung zu diesen Personen oder Objekten wird im Traum verarbeitet. Subjektstufig werden Traumfiguren und Symbole als projizierte Darstellungen eigener seelischer Aktivitäten betrachtet. Es wird davon ausgegangen, dass der Traum die Beziehung und Auseinandersetzung zwischen dem Ich und den Personifikationen und Komplexen der eigenen Innenwelt darstellt. Es besteht bei der Deutung gemeinhin die Regel, dass die Objektstufe vor der Subjektstufe behandelt werden sollte. Die Konflikte, die der Patient mit den Bezugspersonen und Objekten seiner konkreten Lebenswelt hat, werden vor der Auseinandersetzung mit den Innenweltdarstellungen besprochen (Bovensiepen, 1986). Die Deutungsebenen sind jedoch verflochten und beleuchten dieselben Komplexe von unterschiedlicher Perspektive.

Eine weitere Annahme der analytischen Traumdeutung besagt, dass Träume nach einer dramatischen Struktur aufgebaut sind. Sie umfassen Locale (Ort, Zeit, Personen), Exposition (Darstellung des Problems, Verwicklung), Darstellung der Wandlung oder Katastrophe (Peripetie), Abschluss des Traums (Lysis). Sofern einzelne Teile fehlen, wird von einer Komplexeinwirkung ausgegangen (Jung & Jung, 1987, S. 41).

Immer wieder taucht die Frage auf, inwiefern die Traumanalyse sinnvoll in die therapeutische Arbeit mit traumatisierten Patienten einbezogen werden kann. Wie bereits besprochen wurde, gelten Wiederholungsträume (Reaktionsträume), deren Inhalt sich auch über Zeit nicht verändert, nicht als kompensatorisch oder final interpretierbar (▶ Kap. 5.2). Es gibt Patienten, die keine Träume erinnern können oder aufgrund der eingeschränkten Symbolisierungsfähigkeit keinen Zugang bzw. keine Resonanz zu ihren Träumen empfinden. Diese Abwehr sollte respektiert werden. Therapeutische Ziele lassen sich auf unterschiedlichen Wegen erreichen. Die Bedeutung der Eigenzeit, also der individuellen Prozessgeschwindigkeit, die beispielsweise Kinder entwicklungspsychologisch für sich beanspruchen, sollte auch in der Analyse zugestanden werden. Oftmals treten Träume jedoch im Lauf der Analyse als spontane Selbstdarstellung der Psyche auf. Die Traumanalyse wird dann oft sukzessive zum Bestandteil der Therapie. Gerade bei Traumatisierungsstörungen kann jedoch auch eine rege Traumtätigkeit vorliegen, die den Patienten überfordert. Es braucht dann eine bedachte und auf die Stabilität des Patienten abgestimmte Deutungsbegleitung. Als symbolischer Indikator für die psychische Befindlichkeit und Struktur kann der Traum dem Therapeuten einen Eindruck über die aktuelle Lage des Selbst vermitteln. Beispielsweise kann eine starke Häufung archetypischer Träume auf eine Psychosegefährdung hinweisen. In diesem Fall wird empfohlen, das Interesse von den Träumen weg zu nehmen und die Realitätsbewältigung zu unterstützen (Dieckmann, 2003, S. 90 f.).

Die Fokussierung auf finale Traumaspekte und Ressourcen, welche in der analytischen Traumdeutung gepflegt werden, eignet sich sehr gut, um das Vertrauen in die Selbstregulierungsfähigkeit der Psyche und auf die hilfreiche Bedeutung der Träume zu verstärken. Die bewusstseinsfähigen Inhalte, die entsprechend nach dem Traum erinnert werden können, sind hilfreiche Indizien für den psychodynamischen Prozess. In den Träumen spiegelt sich die Komplexlandschaft, in welche der Trauma-Komplex verflochten ist. Als dargebotene Ansatzpunkte weisen Trauminhalte beispielsweise auf gegenwärtig zugängliche bzw. bearbeitbare Komplexe hin. Die Verflechtung der Komplexe und die individuellen Zusammenhänge in der Einzelpsyche können zu einer *Entschlackung* der Komplexreaktionen führen. Die emotionale Wirkung eines Sets zusammenhängender Komplexe wird abgeschwächt, wenn einzelne Komplexe bearbeitet werden. Die Arbeit mit Träumen erleichtert auch bei traumatisierten Personen die Aufarbeitung von Aspekten der Psychodynamik, deren Durcharbeitung zu einer Stabilisierung und Selbstkenntnis beitragen. Letztere ermöglichen allenfalls zu einem späteren Zeitpunkt, das eigentliche Trauma anzugehen.

6.4 Aktive Imagination, Maltherapie und Mythodrama

Die Aufnahme einer Beziehung zu den inneren Bildern und Symbolen der Psyche erachtete Jung als wesentlich für die Persönlichkeitsentwicklung. Die *Aktive Imagination* war für ihn insbesondere im fortgeschrittenen Stadium der Analyse eine wichtige Methode, um die eigenständige Auseinandersetzung des Patienten mit seiner Innenwelt zu fördern (Knoll zit. n. Müller & Müller, 2003, S. 190). Ziel der Aktiven Imagination ist es, dass das Ich-Bewusstsein in Kontakt zum Unbewussten kommt. Im Wachzustand aber mit gesenkter Bewusstseinskontrolle lässt man unbewusste Bilder, Geräusche, Gerüche, Stimmen etc. aufsteigen. Diese werden in einer Haltung des Geschehenlassens wahrgenommen. Von Bewertungen, Beurteilungen oder der Selektion von Bildern wird abgesehen. Der Imaginierende vertieft sich in die aufsteigenden Inhalte (Bilder, Situation, Stimmung) und bezeugt die Wahrnehmungen. Sofern dann spontane Impulse aus dem Ich-Bewusstsein auftreten, werden diese zugelassen. Der Patient setzt sich aktiv mit den unbewussten Inhalten auseinander. Beispielsweise wird das Bild angereichert oder eine Ausgangssituation wird zu einer Art innerem Film. Letztlich werden die Wahrnehmungen schriftlich, malerisch, in Tanz, Musik oder Spiel dargestellt, um sich dann nachträglich der Deutung des Prozesses zuzuwenden (Knoll zit. n. Müller & Müller, 2003, S. 191).

6.4 Aktive Imagination, Maltherapie und Mythodrama

Die Aktive Imagination wird im Bereich der Tanztherapie (Authentic Movement) für die Körperarbeit adaptiert (▶ Kap. 6.6). Die (klassische) Aktive Imagination findet im Bereich der Trauma-Therapie nur selektiv Anwendung. In der Regel werden eher strukturierte und angeleitete Imaginationsübungen durchgeführt, wie beispielsweise die Vorstellung eines inneren sicheren Raums oder die Begleitung eines verletzten inneren Kindes an einen sicheren Ort. Dies lässt sich dadurch begründen, dass die psychische Stabilität gegeben sein muss, bevor offene Motive allenfalls zu schnell zu belastenden traumatischen Erinnerungen und Komplexen führen, welche noch nicht ausgehalten werden können. Je weniger stabil ein Patient ist, desto suggestiver und detaillierter sollte die Begleitung der Imaginationsübungen ausfallen. Auf diese Weise kann die Imaginationskraft zur Angstbewältigung, Entwicklung der Symbolisierungsfähigkeit, Ressourcenaktivierung oder Externalisierung genutzt werden. Diese Techniken wurden von Hanscarl Leuner und seinen Nachfolgern in der Katathym-imaginativen Psychotherapie weiterentwickelt (Leuner, 1994).

Riedel und Henzler wenden das Prinzip der geleiteten Imagination in der jungschen *Gruppenmaltherapie* an. Ausgehend von einem Symbol, wie einer Quelle, einer Blume oder einem Märchen, imaginieren die Gruppenmitglieder individuell. Aus der Entspannung und Imagination heraus wird ein besonders bewegendes Bild aus der Imagination aktiv gestaltet bzw. gemalt (Riedel & Henzler, 2008, S. 12 f.). Bei der Interpretation in der Gruppe wird insbesondere auf finale, prospektive Aspekte und Ressourcen fokussiert. Dies geschieht gerade auch bei belastenden Bildern. Ziel ist es, einerseits über die Kraft des Symbols als zentrierendem Element die Ressourcen und Bezogenheit der Gruppenmitglieder zu fördern. Andererseits eröffnet die zusammen erreichte Amplifikation dem Einzelnen, seine vorhandenen Ressourcen imaginativ zu erweitern. Leitend ist die Annahme, dass Symbole als »Sinnzeichen und Vermittlungsbrücken zwischen unvereinbaren Gegensätzen« therapeutisch wirksam sind (Riedel & Henzler, 2008, S. 17). Riedel und Henzler beschreiben das Konzept der Maltherapie nach Jung als Prozessarbeit, bei welcher die inneren Bilder und Gefühle gestaltet werden. Als Wirkungsfaktoren der Maltherapie nennen sie den Gestaltungsvorgang, den Imaginations- und Symbolisierungsvorgang während der Gestaltung, den Besprechungs- und Interpretationsvorgang, sowie den Begegnungs- und Beziehungsvorgang zwischen Therapeut und Patient (bzw. Gruppe und Klient) während des Malens und Besprechens (Riedel & Henzler, 1997, S. 25).

Die *Maltherapie* im Einzelsetting unterscheidet sich weniger im Ablauf als in der Intensität der Bezugnahme des Therapeuten auf den Patienten. Das therapeutische Malen im Rahmen der individuellen Psychotherapie wird gezielt auch in der Psychotherapie mit strukturschwächeren Patienten eingesetzt. Es bietet sich nach Riedel und Henzler dann an, wenn sich neue Konstellationen und psychische Entwicklungen zeigen, beispielsweise über eine emotionale Gestimmtheit, welche jedoch noch nicht bewusst fassbar oder anschaulich geworden sind. Ebenfalls kann diese emotionale Gestimmtheit durch körperliche Symptome (Kopfschmerzen, Organschmerzen etc.) zum Ausdruck kommen. Letztere können maltherapeutisch gestaltet und transformiert werden (Riedel & Henzler, 1997, S. 297 f.). Riedel und Henzler unterscheiden hinsichtlich unterschiedlicher Indikationen bei verschiedenen psychischen Störungen. So wird das Malen bei Angst und Angststörungen eingesetzt, um schrittweise die angstmachenden Bilder des Unbewussten zu gestalten. Die angstbannende Funktion der Bilder kann durch die langsame Annäherung an den Inhalt, der oftmals erst nach langen Bilderserien als Symbol anschaulich wird, entstehen. Die therapeutische Beziehung, die Sicherheit in einem positiven »Mutter-Feld«, ist Voraussetzung dafür, dass sich die angstmachenden Themen und Gestalten tatsächlich hervorwagen (Riedel & Henzler, 1997, S. 298). Auch bei depressiv strukturierten, psychosomatisch erkrankten und suizidalen Patienten empfehlen Riedel und Henzler das begleitete Malen, sofern dieses für die Person möglich und hilfreich ist. Während Riedel und Henzler nicht spezifisch auf PTBS-Patienten Bezug nehmen, empfehlen sie bei Frühstörungen, bei denen Spaltungen eine besondere Rolle spielen, dass die therapeutische Beziehung zuerst einem positiv nährenden Mutter-Feld entsprechen muss, in dem sich der Patient sicher fühlt. Unter dieser Voraussetzung kann die Maltherapie dabei helfen, den Ich-Komplex zu strukturieren. Zum Aufbau der positiven therapeutischen Beziehung, des Mutter-Feldes gehört auch der Einbezug von Körperempfindungen und die Arbeit am Körperselbst, welche durch die gestalterische Tätigkeit (wie auch beim Sandspiel oder der Bewegungstherapie) angesprochen werden (Riedel & Henzler, 1997, S. 302). Metaphorisch beschreiben Riedel und Henzler den Ich-Komplex in gestörtem bzw. unentwickeltem Zustand als aus zunächst unverbundenen Inseln bestehend, die gestalterisch nach und nach zu einem kohärenten Bild vernetzt werden können. Die Kohärenz des Ich-Komplexes und der Aufbau einer Struktur geschehe bei Patienten, die den Zugang über das Gestalten nutzen können, über den intakt gebliebenen kreativen Anteil des Ich, der das Erleben von Spaltung und Ich-Zerfall ausgleichen kann. Gleichermaßen können Psychosekranke aus dem schizophrenen Formenkreis – gerade in der Phase abklingender Psychosen – innere Erlebnisse und Bilder der Psychose durch die Gestaltung »einfangen und strukturieren« (Riedel & Henzler, 1997, S. 303). Wie bereits in Kapitel 6.1. anhand der Rezeption von Götz-Goerke besprochen, eignet sich die spezifische maltherapeutische Arbeit entsprechend auch mit traumatisierten Patienten (▶ Kap. 6.1).

Ein weiteres, dem Psychodrama angelehntes jungsches Gruppentherapieverfahren, welches die geleitete Aktive Imagination nutzt, ist das *Mythodrama* (Guggenbühl, 1999). Dieses wird insbesondere in der Arbeit mit Kindern und Jugendlichen eingesetzt. In Therapiegruppen mit Kindern mit ähnlichen Themen, wie Scheidung der Eltern oder Gewalt in der Familie, wird nach dem einleitenden gemeinsamen Spiel und Befriending eine Geschichte mit offenem Ende erzählt. Die Kinder imaginieren das Ende der Geschichte und gestalten ihre Phantasien malerisch, als Theaterstück oder musische Inszenierung. Am Ende erfolgt in der gemeinsamen Gruppe ein Gespräch, bei dem nach Möglichkeit der Transfer zur geteilten psychologischen Thematik gemacht wird. Die Kinder tauschen sich also beispielsweise untereinander und im Gespräch mit den psychologischen Gruppenleitern über Erfahrungen und Lösungsstrategien aus. Leitend ist die Annahme, dass sich in Gruppen, bei denen sich die Gruppenmitglieder miteinander identifizieren, ein kollektives Unbewusstes formiert, welches das persönliche Unbewusste ergänzt. Guggenbühl geht entsprechend davon aus, dass die individuelle Analyse durch die kollektive Dimension ergänzt werden müsse. Über Mythen und Geschichten werden die archetypischen Kerne individueller Komplexe ausgedrückt. Die imaginative Auseinandersetzung wird angestoßen, indem in einem Gruppenzyklus von mehreren Sitzungen mit dem entstehenden Gruppenmythos gearbeitet wird (Guggenbühl n. Müller & Müller, 2003, S. 290 f.). Hinsichtlich der Arbeit mit traumatisierten Kindern und Jugendlichen fällt hierbei auf, dass es einigen dieser Kinder nicht gelingt, Geschichten weiter zu imaginieren. Die Kinder mit eingeschränkter Symbolisierungsfähigkeit können im Gruppenprozess jedoch oftmals von den stellvertretenden Imaginationen anderer Kinder profitieren.

6.5 Sandspieltherapie

Zusätzlich zu den klassischen Methoden der Aktiven Imagination, Traumanalyse und Maltherapie in der Analytischen Psychotherapie hat sich die *Sandspieltherapie* als eine der ersten körperfokussierten Bewegungstherapieformen durchgesetzt. Dora Kalff entwickelte die Sandspieltherapie ausgehend von der Analytischen Psychologie und dem *Weltspiel* von Margaret Lowenfeld. Weitere Anregungen fand sie in der spirituellen Praxis des Buddhismus. Als projektive Methode wird das Sandspiel als Therapie und zur Unterstützung der Diagnostik angewandt. Ziel ist die Anregung der Selbstheilungskräfte und das Anstoßen des Individuationsprozesses (Löwen-Seifert n. Müller & Müller, 2003, S. 362). Aktuelle theoretische Beiträge zum Sandspiel haben beispielsweise Ruth Ammann und Eva Pattis Zoja verfasst, letztere spezifisch als Therapiemethode bei der Arbeit mit akut-traumatisierten Menschen (Ammann, 1989; Ammann, Martin & Pattis Zoja, 2004; Pattis Zoja, 2012).

Praktisch findet die Sandspieltherapie in einem rechteckigen Sandkasten statt. Gestaltet wird je nach Wunsch des Patienten und vorhandenem Material mit den Händen im Sand, mit Wasser und/oder Figuren und Gegenständen. Der Sandkasten dient als Projektionsfläche für die unbewussten inneren Bilder. Durch den gestalterischen Prozess werden Spannungen gelöst, Kreativität und Wandlungsprozesse angestoßen. Wie Ammann beschreibt, setzt die gesunde Selbstregulierung der Psyche die Ergänzung des Bewussten durch unbewusste Inhalte voraus. Durch das Sandspiel können die notwendigen kompensatorischen Lebensvorgänge nachvollzogen werden, nachdem die Selbstregulierung aus dem Gleichgewicht geraten oder gestört wurde (Ammann, 1986, S. 45). Die Gestaltung des Sandbildes wird vom Therapeuten bezeugt. Die Einstellung des Analytikers und die Resonanz in der Übertragung zwischen Patient und

Therapeut sind wesentlich dafür, dass die transzendente Funktion ihre Wirkung entfaltet. Dora Kalff beschreibt den Analytiker gerade in der Kindertherapie als *Hüter*, der dem Prozess sowohl Raum, Freiheit wie Grenzen verleiht (Kalff & Kalff, 2000, S. 9). Die Wirkung des Sandspiels bleibt letztlich numinos – das Erleben und Gestalten der inneren Welt in der äußeren Realität stehen im Zentrum. Weil die Wirkung im positiven wie im negativen Fall stark sein kann, muss der Widerstand des Patienten gegen das Sandspiel immer ernst genommen werden. Sofern das Ich zu schwach ist, um ins Unbewusste vorzudringen, besteht die Gefahr der Überwältigung und des Ausbruchs latenter Psychosen (Ammann, 1986).

Pattis Zoja hat die Methode der Sandspieltherapie unter dem Begriff *Expressive Sandarbeit* für die Arbeit mit Kindern in belasteten Lebenssituationen, in denen eine individuelle, psychotherapeutische Behandlung nicht möglich ist, angepasst. Im Gegensatz zur individuellen Sandspieltherapie handelt es sich um einen betreuten Gruppenprozess. Den Kindern wird mit Sandkästen und Material die Möglichkeit des spontanen Spiels geschaffen. Das Setting, bei welchem die Betreuer als respektvolle Zeugen im Hintergrund anwesend sind, ermöglicht den Kindern die spielerische Umsetzung innerer Konflikte. Leitend ist Jungs Annahme der Selbstregulation und -regeneration der Psyche (Pattis Zoja, 2012, Kap. 6). Abhängig von individuellen und sozialen Faktoren kann die Durcharbeitung und Verarbeitung traumatischer oder entwicklungshemmender Dynamiken unterstützt werden. Pattis Zoja postuliert, dass die Expressive Sandarbeit die archetypische Bildung von psychischen Überlebensmustern begünstigt (Pattis Zoja, 2012, S. 52).

6.6 Körperpsychotherapeutische Ansätze aus dem Bereich der Analytischen Psychologie

Insbesondere im angelsächsischen Raum wurden tanztherapeutische Ansätze wie das *Authentic Movement* von Mary Starks Whitehouse oder die *BodySoul Rhythms* von Marion Woodman weiterentwickelt (Whitehouse,

Adler, Chodorow & Pallaro, 2000; Woodman, o. J.). Der Fokus auf Bewegung, Stimme und Psychosomatik in verschiedenen therapeutischen Richtungen rückte die Bedeutung des Körpers vermehrt auch in den Fokus der analytischen Psychotherapie. Die körperbezogenen Weiterentwicklungen sind jedoch kaum systematisch zusammengetragen worden, weshalb sie oftmals wenig bekannt sind. Entsprechend möchte ich abschließend den Fokus auf diese bewegungs- und tanzorientierten Formen der Therapie legen und den theoretischen Hintergrund nochmals vertiefen.

Es wurde im Rahmen der bisherigen Auseinandersetzung dafür argumentiert, dass bei traumatisierten Patientinnen und Patienten mit Frühstörungen, welche Defizite bei der Symbolisierungsfähigkeit bzw. bei den Mentalisierungsfähigkeiten überhaupt aufweisen, der Zugang über die unbewussten leiblichen Ausdrucksweisen und Wahrnehmungen in der Psychotherapie Bedeutung erhält. Der leibliche Ausdruck des Patienten birgt einerseits das Potential einer non-verbalen Mitteilung oder Selbstoffenbarung, andererseits prägt und verdeutlicht das Zusammenspiel von Mimik und Körpersprache zwischen Analytikerin und Analysand die Übertragungs- und Gegenübertragungsbeziehungen. Ohne Symbolisierungsfähigkeit sind das Denken, die Phantasietätigkeit und das affektive Erleben des Patienten eingeschränkt (Hirsch, 2011, S. 45). Das Verstehen der Innenwelt ist unter Umständen nur konkretistisch möglich, nicht über das symbolische Verstehen von Träumen, Imaginationen, der eigenen Körpersprache oder über kreative Gestaltungen. Um dem Patienten im Sinne Jungs zurück zu einem *symbolischen Leben* zu verhelfen, und ihn dabei zu unterstützen, sich aus den einseitigen und einschränkenden Verhaftungen im Selbst- und Weltverhältnis zu lösen, braucht es zunächst eine Hinwendung zur (meist unbewusst) verhaltenssteuernden Angst und die glaubhafte Erwiderung auf das Sicherheitsbedürfnis, welches den Patienten zum Festhalten z. B. an dysfunktionalen Überzeugungen und negativen Glaubenssätzen zwingt:

> »Es geht nicht hauptsächlich darum, mithilfe eines besseren Verständnisses von Symbolen diesen multidimensionalen Aspekt der Innen- und Außenwelt in die Logik des rationalen Bewusstseins zu übertragen, also die symbolischen Ereignisse ›nach oben‹ ins Bewusstsein hin rational zu ›deuten‹ oder zu erklären, sondern es geht fast mehr darum, mithilfe der symbolischen Einstellung die allzu starren Vorstellungen über sich selbst und die Welt aufzulockern, den Sinn für das

Geheimnisvolle, Vielschichtige und Paradoxe hinter dem Konkreten und allzu Offensichtlichen zu wecken.« (Müller, 2012, S. 285)

Um diese *Auflockerung* im Sinne eines Zustands zu erreichen, in welchem der Patient sich sicher genug fühlt, um eine symbolische Einstellung im Umgang mit seinen Vorstellungen zu entwickeln, braucht es eine beständige korrigierende Beziehungserfahrung, welche auch auf die körperlichen Befindlichkeiten des Patienten Bezug nimmt. Das bewusste Einüben der Regulierung der eigenen Atmung, welche oftmals in Stresssituationen und in Momenten der Angst kaum zu leisten ist, kann zum Erlebnisgrund eines minimalen Raums der Selbstverfügbarkeit werden, bei dem die Selbstberuhigung über den Körper zugleich zu einem Erlebnis der Selbstwirksamkeit wird. Oftmals scheint das Gelingen dieser Selbstberuhigungsstrategie in der Außenwelt davon abhängig, ob es im Biotop des therapeutischen Raums gelungen ist, ein *Affect Attunement* im Umgang mit akuter Angst oder akutem Stress zu erreichen. Dies kann in einer konstanten therapeutischen Beziehung beispielsweise über beruhigende, rhythmisch wiederholte Äußerungen geschehen sein oder über das bewusste Aufnehmen des psychorespiratorischen Effekts durch den Analytiker. Die Therapeutin nimmt die non-verbalen Ausdrucksweisen im Dialog genau wahr und registriert die stress- oder angstgesteuerte Atmungsfrequenz des Patienten. Die Atmung wird thematisiert und (sofern situativ angemessen) gespiegelt. Übernimmt der Therapeut zunächst die Atemfrequenz des Patienten, kann er langsam zu einer Regulation beitragen und als Rollenmodell die Atemberuhigung mitvollziehen. Der Patient fühlt sich in der Regel erst dann im Raum und der therapeutischen Beziehung sicher, wenn er sich auch in seinem Körper sicher (abgegrenzt) und selbstwirksam erlebt.

6.6.1 Trauma-Embodiment: Psychosomatik und Bewegung

Marion Woodman hat insbesondere die geschlechtsspezifischen Traumatisierungen untersucht und sich auf die Trauma-Arbeit mit jungen Mädchen und Frauen spezialisiert, die unter patriarchalen oder sexuellen Traumatisierungen leiden. Sie beschreibt, dass viele dieser Frauen an Komorbiditäten wie Essstörungen, zwanghaftem Anpassungs- und Perfektionsverhalten leiden oder dissoziative, psychosomatische Störungen entwickelt haben (Woodman, 1980, 1982, 1985, 1990, 1993). Sie arbeitet hierbei wie Early mit Narrativen, Mythen und Geschichten, welche eine Annäherung an die persönliche Psychodynamik über die Auseinandersetzung auf einer Metaebene ermöglichen. Gleichzeitig arbeitet die durch sie geprägte therapeutische Richtung in den USA bewegungs-, stimm- und körperorientiert. Neben der Einzeltherapie wird insbesondere mit Rollenspielen und gruppentherapeutischen Settings gearbeitet, bei denen das Körperbewusstsein (*Body Awareness*) eine ausgeprägte Bedeutung erhält (Woodman, 1984).

Die Bedeutsamkeit des Körperbewusstseins beschreibt Woodman insbesondere anhand ihrer Erfahrungen mit essgestörten Patientinnen. Die pathologische Entfremdung vom eigenen Körper sieht sie als veräußerlichte Manifestation des inneren Schattens, also derjenigen selbst-destruktiven Anteile, die von außen oft deutlich erkennbar, für die betroffene Person jedoch unbewusst sind. Woodman geht von der Annahme aus, dass Komplexe psychische Energie binden, welche als energetische Blockaden auch somatisch bzw. »embodied« vorhanden sind (Woodman, 1984, S. 25 ff.). Durch das Erlernen einer sogenannten *Körperweisheit* (*Body Wisdom*) mittels konzentrierter Einstimmung und Wahrnehmung des Atems, von Verspannungen und der körperlichen Befindlichkeit hält sie ihre Patienten dazu an, die körperliche Selbstentfremdung zu erkennen und durch das Wahrnehmen der eigenen *Körper-Sprache* in eine lebendige Selbstbeziehung zu transformieren (Woodman 1984, S. 28). Kann beispielsweise das Gefühl der inneren Leere körperlich verortet und in einen Bewegungsimpuls übersetzt werden, birgt dies den Keim zu einer ersten Form der Kreativität, des Transformierens des inneren Zustands. Die wechselseitige Bedingtheit von Körper und Psyche führt nach Woodman dazu, dass seelische Blockaden durch die Überwindung korrelativer körperlicher Blockaden überwunden werden können und umgekehrt. Als verbindendes Element zwischen körperlicher und psychischer, innerer und äußerer, bewusster und unbewusster Realität fungieren Symbole und innere Bilder, welche insbesondere die emotionale Befindlichkeit ausdrücken und spürbar werden lassen.

6.6.2 Authentic Movement

Die amerikanische Tänzerin Mary Starks Whitehouse hat als Pionierin der analytischen Körpertherapie bereits in den 1950er Jahren die Tanztherapie-Form des *Authentic Movement* entwickelt. Sie vertritt die Ansicht, dass Körpererfahrung und Bewegung entscheidende Größen im analytischen Prozess bedeuten können. Das sogenannte *Witnessing*, das Bezeugen der Bewegung des Anderen bzw. des Patienten spielt bei dieser Tanzpraxis eine entscheidende Rolle – der Körper als physische Seite der Persönlichkeit wird zum Anschauungsobjekt, an dessen Bewegung und Dynamik die Persönlichkeit zum Ausdruck kommt: »The body is the physical aspect of personality and the movement is personality made visible.« (Whitehouse et al., 2000, S. 52)

Psychische Veränderungen und Veränderungen der Persönlichkeit spiegeln sich auch in physischen Veränderungen und Bewegungsmustern. Whitehouse weist darauf hin, dass Fortschritte in der Psychotherapie auch Veränderungen beim Sprechtempo, bei der Tonlage sowie bei der physischen Ausstrahlung von Gefasstheit und Ruhe auslösen (Whitehouse et al., 2000, S. 51). Entsprechend wichtig ist es, auf körperliche Symptome zu achten und festgefahrene Haltungsmuster, stereotype Gesten oder schmerzhafte Muskelverspannungen zu beachten. Patienten, die nicht gut über Gefühle sprechen können, können über die Beschreibung der Körperempfindungen einfacher ins Gespräch über die eigene Befindlichkeit finden (Lauffenburger, 2016, S. 263). Das *Authentic Movement* basiert auf der Methode der Aktiven Imagination. Letztere ist eine spezifisch meditative Konzentration auf innere Bilder, welche sich auf die bilderproduzierende Funktion der Psyche, die Imagination, einstellt. Um sich mit unbewussten Inhalten auseinanderzusetzen, nimmt die Person bewusst eine beobachtende Erwartungshaltung ein. Ausgehend von spontanen Impulsen, Gefühlen oder Bildern wird die Betrachtung aufrechterhalten, ohne das Bild jedoch über gedankliche Kontrolle oder Steuerung zu verändern. Während des aktiven Betrachtens können sich die Bilder oder Gefühle spontan weiterentwickeln und verändern, wodurch sie der kreativen Umsetzung oder verbalen Besprechung zugänglich werden (Jung & Chodorow, 1997, S. 1–20). Durch die aufmerksame und nach innen gerichtete Zuwendung zum eigenen Körper wird beim *Authentic Movement* die Wahrnehmung spontaner Bewegungsimpulse eingeübt. Ziel ist es, in einen Zustand der Rêverie oder des *Abaissement du niveau mental* (Zustand der herabgesetzten Bewusstseinsschwelle) zu gelangen, der als Übergangsraum zwischen Bildern und Gefühlen dient. Die Empfindungen sollen dann über eine Weise »kinesthetischer freier Assoziation« spontan und authentisch in Bewegung übersetzt werden (Wyman-McGinty, 2003, S. 325). Empfindungen und innere Bilder, die aus dieser meditativen Betrachtung und Bewegung entstehen, werden respektvoll durch ein Gegenüber bezeugt. Anhand des urteilsfreien Austauschs über den Bewegungsausdruck werden unbewusste Inhalte deutlich, deren Wahrnehmung den Bewusstwerdungsprozess anstößt. Die Rolle des Zeugen (*Witness*) besteht darin, psychisches und physisches Containment zu gewährleisten. Mit dem eigenen Körper soll der Raum zwischen dem Analytiker und dem Patient gestaltet werden, sodass das Aufnehmen und Erfahren des Bewegungsausdrucks des Patienten möglich ist und gleichzeitig die Übertragungsdynamik in der Beziehung beachtet werden kann. Diese Form des *Somatic Attunement*, also der körperlichen Einstimmung, wird auch in der bindungstheoretisch orientierten Tanztherapie zwischen Mutter und Kind angewandt (Doonan & Bräuninger, 2015). Ähnlich wie die Mutter, deren physische, soziale und emotionale Realität durch ihre Mutterschaft verändert wird, und die dem Kind vom Anfang der Schwangerschaft an auf allen Realitätsebenen Raum verschaffen muss, besteht die Aufgabe des Analytikers darin, dem Patienten anhand des somatischen Containments ein Gefühl der Räumlichkeit, des bezogenen und zugleich abgegrenzten Beziehungsraums zu ermöglichen.

Körperbewegungen, welche auf einer Aktiven Imagination beruhen, stoßen ähnlich wie beim Sandspiel einen nach innen gerichteten Prozess der symbolischen Handlung an. Das Körperbewusstsein kann auch durch spezifische Übungen unterstützt werden, beispielsweise dann, wenn individuelle Bewegungen gesucht werden, welche Grundemotionen wie Angst, Wut, Scham, Trauer etc. oder Gegensätze wie offen – verschlossen, hoch – tief, links – rechts ausdrücken. Die innere Erfahrung der sich bewegenden Person wird beim *Authentic Movement* ins Zentrum gestellt. Dies kann auf individuelle Weise umgesetzt werden, durch das Tanzen von Bildern, Träumen, Bewegungsimpulsen, Gefühlen oder Konflikten. Whitehouse forderte auch zum Tanz mit inneren Anteilen auf, was im geschützten zwischenmenschlichen Rahmen insbesondere für die therapeutische Arbeit mit traumatisierten Menschen eine unterstützende Wirkung haben kann. Das Wahrnehmen des Gegensatzes zwischen dem Zustand, bei dem Bewegung bewusst ausgeführt wird, und dem Moment, in dem die Ich-Kontrolle losgelassen wird, und ein unbewusstes, spontanes Bewegt-Werden passiert, bezeichnet sie als Kernerfahrung der Bewegungspraxis. Im Idealfall fließen bewusste und unbewusste Impulse ineinander über, das aktive Tun und das spontane Bewegung-geschehen-Lassen führen zu einem Gefühl der Integration:

»I move‹, is the clear knowledge that I personally am moving. The opposite of this is the sudden and astonishing moment when ›I am moved‹. It is a moment when the ego gives up control, stops choosing, stops exerting demands, allowing the Self to take over moving the physical body as it will. It is a moment of unpremeditated surrender that cannot be explained, repeated exactly, sought for or tried out.« (Whitehouse zit. n. Chodorow, 1984, S. 41)

Als entscheidend für die Überwindung von starren Verhaltensmustern oder Dissoziationen sieht Whitehouse das Einnehmen einer bewusst rezeptiv-offenen Haltung und des Zulassens von neuen, spontanen Bewegungsimpulsen. Das Zusammenspiel zwischen aktiven und intuitiven Bewegungen soll die Trennung zwischen den verletzten oder verletzlichen Anteilen und den protektiven Automatismen bewusst machen und überwinden helfen. Durch die Entstehung von neuen Bewegungen, welche tief verankerte Bewegungsmuster kontrastieren, können auf somatischer Ebene Veränderungen im Selbstverhältnis und das Erwachen von Kreativität und Spontanität angestoßen werden. Die Bezogenheit des Witnessing kann die Erfahrung der tanzenden Person vertiefen oder – bei großer Selbstunsicherheit – zunächst hemmen. Die respektvolle Grundhaltung des Witnessing bleibt in beiden Fällen Ausgangspunkt, um das (Selbst-)Beziehungsgeschehen adressierbar zu machen. Das bewusste Einnehmen einer mitfühlenden, analytisch spiegelnden Haltung gilt auch hier als Bedingung für ein haltendes Containment. Die therapeutische Beziehung und ein geschultes Bewusstsein für die Übertragungs- und Gegenübertragungsphänomene sind für diese Form der Tanztherapie oder den Einschluss von körpertherapeutischen Interventionen in der Analyse essentiell.

Je differenzierter die Bewegungen wahrgenommen und bezeugt werden, desto eher entstehen authentische Bewegungen und desto genauer lassen sich unterschiedliche Ebenen des Unbewussten unterscheiden. Chodorow sensibilisiert im Anschluss an Whitehouse für die Wahrnehmung von Anteilen des persönlichen Unbewussten, des archetypischen Selbst- und Körperbewusstseins, aber auch für das Embodiment von Inhalten aus dem Bereich des familiären oder kulturellen Unbewussten (Chodorow, 1984, S. 41). Chodorow hat die emotionsfokussierte Tanztherapie über die Techniken des *Authentic Movement* von Whitehouse und über die Studien von Woodman hinaus weiterentwickelt.

6.6.3 Emotionsfokussierte Tanztherapie

Chodorow hat den Zusammenhang zwischen Körperbewusstsein, dem somatischen und motorischen Ausdruck der Grundemotionen und der therapeutischen Bedeutung des *Bezeugens (Witnessing)* differenziert ausgearbeitet. Den Kern der analytischen Bewegungsarbeit sieht sie im Zusammenmenspiel zwischen der Erfahrung des Bewegenden, der Erfahrung des bezeugenden Analytikers und der wechselseitigen Beziehung, welche als Container und Prozess dienen können (Chodorow, 1984, S. 48). Sie arbeitet als jungsche Tanztherapeutin unter Einschluss der Methode *Aktive Imagination* und mit Schwerpunkt auf die Analyse von Bewegungsmustern, welche mit Grundemotionen wie Freude, Ausgelassenheit, Trauer, Angst, Wut, Verachtung, Scham oder Überraschung (*Startle*) einhergehen. Ihre Überlegungen stellen eine analytisch-psychologische Synthese zwischen tanztherapeutischen Ansätzen (Schoop, Whitehouse) und evolutionspsychologischen Studien zu den Grundemotionen dar (Jung, Henderson, Darwin, Tomkins, Stewart) (Chodorow, 1991, S. 2 f.).

Körperliche Ausdrucksmuster haben zugleich eine persönliche und eine universelle, archetypische Dimension. Durch Bewegungen kommen Gefühle zum Ausdruck, insbesondere die in ihrer Zahl reduzierten Grundemotionen. Während jeder Mensch beispielsweise auf andere Art und Weise trauert, wobei auch die kulturellen Unterschiede (z. B. Klageweiber) eine Rolle spielen, kennt doch jeder Mensch das Gefühl der Trauer und drückt es auf eine eigene Weise aus. »Ob Gefühle benannt sind oder nicht, sie motivieren und formen unsere Bewegungsweise« (Chodorow, 1991, S. 3). Das Körperbewusstsein ist die Grundlage der psychologischen

6.6 Körperpsychotherapeutische Ansätze

Entwicklung und der Individuation. Emotionale Befindlichkeiten und strukturelle Grundstimmungen spiegeln sich in unserer Körperhaltung und Bewegungsweise, insbesondere auch im Tanz.

Um den körperlichen Ausdruck von Gefühlen zu verstehen, braucht es eine Sensibilisierung bezüglich der verschiedenen Intensitäten einer Emotion. Chodorow beschreibt dies am Beispiel der Angst, deren geringere Intensitäten Unsicherheit, Unwohlsein, Besorgnis oder Ängstlichkeit sind. Die stärkeren Intensitäten sind Panik und Schrecken. Je nach Intensität erkennt man die körperlichen Reaktionen deutlich oder nur durch aufmerksame Beobachtung. Die universellen körperlichen Reaktionen auf Angst sind Herzklopfen, trockener Mund, kalter Schweiß, Durchfall, Erschauern. Die typischen Bewegungsausdrücke sind durch Schreckhaftigkeit, Weglaufen, Zittern, weit geöffnete Augen, Luftschnappen, Zurückweichen, Sich-Ducken oder Bewegungslosigkeit gekennzeichnet. In der Tanztherapie können verschiedene Bewegungsformen, die für die betreffende Person einer bestimmten Grundemotion entsprechen, bewusst ausprobiert, wahrgenommen und transformiert werden. Dies kann für jede Grundemotion versucht werden – bei traumatisierten Patienten sind meist alle primären Affekte und das psychophysische Verhalten beeinträchtigt: Angst (z. B. Schreckhaftigkeit), Wut (z. B. (auto-)aggressives Verhalten), Trauer (z. B. Insuffizienz, Verlustgefühle) und Verachtung/Scham (z. B. Rückzug; Isolation). Die körperlichen Ausdrucksformen der Grundemotionen sind zugleich sehr individuell. Jedes Individuum hat seine eigenen entwicklungsbedingten Sollbruchstellen und dynamischen Coping-Strategien, die mit Impulsen und Bildern seiner Persönlichkeit und Erfahrungsgeschichte einhergehen. Das persönliche Unbewusste, jedoch auch das kulturelle und kollektive Unbewusste spiegeln sich nach Chodorow in den Bewegungen (Chodorow, 1991, S. 4 f.). Basierend auf Louis Stewart, der die unterschiedlichen Quellen der Affektivität in verschiedenen Entwicklungsstadien ansiedelt, geht sie davon aus, dass Angst, Trauer, Verachtung und Scham zu den ursprünglichsten, frühsten Anteilen gehören. Freude und Interesse sind die affektiven Quellen der Libido, welche die frühesten Emotionen von Angst, Trauer, Verachtung und Scham transformieren oder modulieren können. Das Gefühl von Überraschung oder Irritation (*Startle*) unterstützt die Zentrierung bzw. Aufmerksamkeitslenkung, während die höheren Ich-Funktionen und kulturellen Einstellungen ein Gefühl der

Ganzheit und Selbstverwirklichung unterstützen können (Chodorow, 1991, S. 5 f.).

Chodorow nimmt Stewarts These auf, dass die frühsten Affekte an die Sinneserfahrungen gebunden seien. Trauer als Reaktion auf den Verlust einer geliebten Person oder eines geliebten Objekts setzt demnach voraus, dass wir über den Tastsinn die verkörperte Präsenz dieser Person erfahren haben und vermissen. Angst, als Reaktion auf Unbekanntes und Bedrohliches setzt Stewart in Verbindung mit dem Gehör, welches die nicht über den Tastsinn wahrnehmbaren Eindrücke ordnet. Wut, als Affekt zum Selbstschutz vor Angriffen oder Bedrohungen der Autonomie, bringt er in Verbindung mit dem Sehen, mit dem wir Bedrohungen identifizieren. Verachtung/Scham bezeichnet Stewart als evaluative Response, welche die Akzeptanz und das Wertvollsein von sich selbst und Anderen bewertet. Der Geruchssinn, mit dem der Andere eingeschätzt wird, bildet zusammen mit dem Geschmackssinn einen doppelten Sinn, bei dem es grundsätzlich mittels Ekel oder Gefallen um die Einschätzung von Substanzen oder Gerüchen von innen und außen geht. Als Emotion, welche die Zentrierung, Orientierung und Umorientierung befördert, sieht er Überraschung als instinktive kinästhetische und körpereigene Erwiderung auf unerwartete Impulse (Chodorow, 1991, S. 84).

Auf der differenzierten Affektebene späterer Entwicklungsstufen sehen Stewart und Chodorow die Emotionen als Grundlage von Energie, Symbolik, Wert und Bewusstsein. Gemäß der jungschen psychologischen Typen unterscheiden sie bei den höheren Ich-Funktionen zwischen intuitiver Funktion, Empfindungs-, Fühl- und Denkfunktion. Anhand dieser selbstreflexiven und evaluativen Ich-Funktionen orientiert sich die Person bei der Einschätzung zwischen innerer und äußerer Realität: »Die Empfindung versichert, dass etwas existiert, das Denken kann dieses zuordnen, das Fühlen schätzt ein, ob es sich um eine angenehme oder unangenehme Sache handelt, und die Intuition kann abschätzen, woraus etwas entstanden ist und wohin es führt« (Jung zit. n. Chodorow, 1991, S. 85). Eine gereifte Persönlichkeit ist zudem in der Lage, zwischen introvertiertem und extrovertiertem Verhalten zu unterscheiden und sich im Idealfall situativ adäquat auszurichten.

6.6 Körperpsychotherapeutische Ansätze

Frühkindliche Komplexe und ihr Bewegungsausdruck

Die frühkindlichen Entwicklungsschritte sind durch eine schrittweise zunehmende Mobilität geprägt. Mit jedem Integrationsschritt wächst auch das mentale Bewusstsein und die Spiel- und Vorstellungsformen ändern sich. Ich werde diese Stufen und ihr Bewegungsausdruck im Tanz im Detail aufzeigen, damit nachvollziehbar wird, worauf beispielsweise in der Tanztherapie mit komplex-traumatisierten und frühgestörten Patienten zu achten ist.

Chodorow unterscheidet beim Kind zwischen 0–2 Jahren vier Bewusstseinsstufen. Im Bewusstsein der Einheitswirklichkeit des Kindes unterscheidet das Kind noch nicht zwischen sich und anderen. Es befindet sich noch in einer symbiotischen Wahrnehmung einer Einheitswirklichkeit. Mit der Zeit entdeckt das Kind das Daumenlutschen (oder eine vergleichbare Selbstberuhigungsstrategie), über welche es erstmals lernt, wie es sich selbst halten und beruhigen kann (die angenehmen Empfindungen entstehen durch das rhythmische Saugen sowohl im Mund wie am Daumen). Als weitere Bewusstseinsstufe folgt die Erkennung des Anderen, markiert durch ein erstes spontanes Lächeln. Freude und Interesse, Liebe und Beziehung kommen hier durch die wechselseitige Interaktion mit der Bezugsperson zum Ausdruck. Das laute Lachen, wenn das Kind für sich ist und freudig verschiedene Bewegungen ausprobiert, stuft Stewart als erstes Erkennen des Selbst ein. Als *Prototyp des Spiels* zeigt sich hier ein spontaner Ausdruck von Lebensfreude, der sich bei jeder weiteren Selbsterkenntnis wiederholen wird. Als Anzeichen für die beginnende Objektkonstanz gelten die *Guguus-Dodo-Interaktionen*, Versteckspiele, bei denen das Kind das Verschwinden und Auftauchen von Menschen und Gegenständen studiert. Es überwindet seine Trennungsangst ab dem 9. Monat dadurch, dass es ein Vertrauen ins Wiederauftauchen des Objekts entwickelt. Der große Bewusstseinssprung, den das Kind um die zweite Hälfte des zweiten Lebensjahres über das symbolische Spiel entwickelt, zeigt sich daran, dass das Kind realisiert, dass es Dinge vortäuschen kann, dass eine Als-ob-Realität möglich ist. Beispielsweise merkt es, dass es sich sein Schlaflied selbst vorsingen kann, singt es auch seinen Puppen vor etc. In diesem Moment, wo die Sprache immer mehr an Bedeutung gewinnt, werden Vorstellungen bewusst und drücken sich durch Handlungen aus.

Die Bewegungsqualität, die mit jeder dieser vier frühen Entwicklungsstufen einhergeht, kann sich je nach Ausprägung der Frühstörung lebenslang durch Bewegung und Motorik ausdrücken. Hat die Person nie gelernt, sich selbst über den eigenen Körper zu beruhigen, besteht eine grundsätzliche Anfälligkeit der Person gegenüber von Verunsicherungen. Die Stresstoleranz kann geringer bzw. die psychische Abstumpfung extremer ausgeprägt sein, was sich durch hektische oder unsichere, haltlose Bewegungsmuster zeigen kann. Bei einer Störung in der Wahrnehmung des Anderen, kann es sein, dass der Patient im Tanz kaum dazu in der Lage ist oder vermeidet, das Gesicht des Zeugen zu suchen und beim Blickkontakt ein Lächeln zu schenken. Das befreite Lachen, welches sich bei der Freude an sich selbst im Tanz ergibt, das Nähe-Distanz-Verhalten des Patienten und die Fähigkeit zum vollen Gebrauch der Mimik und zum etwas Vorspielen oder Imitieren, z. B. den Gang des eigenen Lehrers, können hier wertvolle Hinweise geben, um Blockaden auf den frühesten Entwicklungs- und Beziehungsebenen vorsichtig und schrittweise zu adressieren. Wurde die Symbolisierungsfähigkeit durch eine Traumatisierung verschüttet, liegt bei der körperlich spürbaren Stabilisierung der (Ur-)Sicherheit der primäre Ausgangspunkt, um an der Überwindung der Traumatisierung und an der Fähigkeit, wieder als abgegrenztes und vertrauensvoll bezogenes Gegenüber in Beziehung zu treten, zu arbeiten. Die Entgegnung auf das wiederholt einbrechende *Zuviel* des Patienten mittels anhaltender Ich-Stabilisierung und dem Schaffen und Realisierbar-Machen eines internalisierten sicheren Raums wird hier zur Primäraufgabe auch des Körpertherapeuten. Ohne ein verlässliches Containment und die anhaltende Bestärkung des Patienten in seiner Selbstwirksamkeit bleibt die korrigierende Beziehungserfahrung zwischen Patient und Therapeut ungefestigt, weil der Patient sich erst dann annähernd sicher an den Therapeuten binden kann, wenn er gleichzeitig in sich selbst einen Ort gefunden hat, an dem er sich unbedroht und sicher fühlen kann – ohne sich durch den Rückzug an diesen Ort vollständig von der Beziehung abschotten und innerlich dissoziieren zu müssen, um sein Sicherheitsgefühl zu erhalten.

6.6 Körperpsychotherapeutische Ansätze

Emotionsfokussierte Bewegungstherapie mit traumatisierten Patienten

Jung beschreibt, dass das Wechselspiel zwischen Imagination und Neugier den Individuationsprozess charakterisiert. Im dialektischen Wechselspiel von Neugier und Imagination liegt die Grundlage für das spontane, symbolische Spiel der Kinder. Durch die Fähigkeit, die ursprünglich spielerische Einstellung zu erinnern oder zurück zu gewinnen, wird authentische Entwicklung möglich. Über das Spiel und die spontanen Bewegungsausdrücke können unbewusste Herausforderungen oder Schwierigkeiten durchgespielt werden, wobei Rollenwechsel, veränderte Spielabläufe und sonstige Variationen zu kreativen Lösungen führen. Die Imagination bringt den Betroffenen direkt zum Kern des emotionalen Komplexes. Wenn eine spontane Spiel- oder Bewegungssituation zugelassen wird, lassen sich oftmals frühkindliche Komplexe anhand der Bewegungsmuster und der Dynamik erkennen. Da das Grundprinzip des Lernens bei Säuglingen und Kleinkindern die körperliche und mimische Nachahmung ist, sieht Chodorow, neben der spontanen, spielerischen Einstellung, in der Spiegelung im tanztherapeutischen Rahmen eine Schlüsselfunktion. Wenn der Patient seine Blockaden und Hemmungen ablegen und zu einer authentischen Bewegungsweise finden kann, kann ihn auch Beziehungserfahrung, die empathische Begleitung und Bezeugung durch Andere neu und direkter erreichen (Chodorow, 1991, S. 6 f.).

Chodorow weist darauf hin, dass beim Einschluss bewegungstherapeutischer Interventionen einerseits die Verstärkung von Übertragungs- und Gegenübertragungsphänomenen in Betracht zu ziehen und andererseits die Sexualisierung der Beziehung durch Körperkontakt mit Vorsicht zu beachten ist. Gerade im Rahmen eines gesprächstherapeutischen Settings, bei dem schon allein die Räumlichkeiten die Bewegungsmöglichkeiten einschränken, lassen sich jedoch Mini-Interventionen einflechten, die ohne direkte Berührung funktionieren. Die im nachfolgenden Fallbeispiel beschriebene Aufforderung, dass der Patient eine Bewegung oder Geste findet, mit der er sein eindeutiges Nein- und Ja-Sagen ankern und verstärken kann, ist eine Variante. Chodorow beschreibt eine Übung, bei der sich die Patienten vorstellen können, wie die Eltern in ihrem Körperbild gespeichert sind, wie sie sich bewegten etc. Wie bei der Trauma-Therapie ist das Ziel auch hier, dass die Person letztlich eine integrierte Selbstwahrnehmung erreicht, dass sie ein Gefühl der Ganzheit, eine vereinigende interaktive Beziehung zwischen Körper und Geist, zwischen Phantasie und Realität aufbauen kann. Subjektive emotionale Konflikte sollen über eine objektive physische Form ausgedrückt werden können. Auf diese Weise werden sie sichtbar und können konstruktiv und allenfalls unterstützt durch Andere bearbeitet werden.

Wie bereits Eugen Bleuler festgestellt haben soll, kann es für den Therapeuten bereits ausgesprochen aufschlussreich sein, die Körperhaltung des Patienten bewusst einzunehmen und sich vorzustellen, wie der Patient in dieser Haltung durchs Leben geht und wie er sich dabei fühlt. Die Sensibilisierung für die körperlichen Ausdrücke und das Bezeugen der entsprechenden Emotionalität bilden die Grundvoraussetzung für eine Psychotherapie, welche dem untrennbaren Zusammenhang zwischen Körper und Psyche gerecht werden soll. In der Trauma-Therapie ist diese Sensibilisierung besonders wichtig, weil die Störung mit einer psychophysisch gekoppelten Symptomatik einhergeht, welche dem Patienten selbst zunächst selten bewusst ist. Durch eine Sensibilisierung der Körperwahrnehmung, die beispielsweise durch eine körperliche Entspannungs- oder Selbstberuhigungsstrategie erreicht wird, können Veränderungen und Erfolgsschritte bewusster wahrgenommen und zunehmend gesteuert werden, was zur Selbstsicherheit und Motivation beiträgt.

7 Fallbeispiele zu körpertherapeutischen Interventionen im Rahmen der Analyse

Um die Wirkungsmöglichkeiten bereits von körpertherapeutischen *Mini-Interventionen* zu illustrieren, möchte ich zunächst zwei Beispiele aus der eigenen therapeutischen Erfahrung beschreiben. Im ersten Fallbeispielen liegt eine komplexe Traumatisierung vor, beim zweiten eine bipolare Störung. Bei einer 45-jährigen Patientin, die in ihrer langjährigen Ehe trotz eines vehementen inneren Widerstandes kaum »Nein« sagen konnte und immer wieder in Situationen geriet, bei denen sie sich von ihrem Mann entmündigt und handlungsohnmächtig fühlte, schlug ich vor, dass sie nach einer körperlichen Bewegung suchte, die ihr authentisches »Nein«, und nach einer, die ihr eindeutig empfundenes »Ja« ausdrücken würde. Nach mehreren unbeholfenen und kraftlos wirkenden Versuchen zeigte sie sich zermürbt und selbstkritisch, weil sie nicht einmal dazu fähig sei, mit ihren Armen ein bewusstes Nein auszudrücken. Im anschließenden, den Versuch wertschätzenden Gespräch beschrieb sie nochmals eine Situation, in der ihr Mann sie bevormundet hatte und sie in eine Art Handlungsohnmacht verfallen sei. Während sie dies diesmal beschrieb, sagte sie unversehens und im dezidierten Tonfall, dass sie dieses Verhalten ihres Mannes einfach überhaupt nicht mehr ausstehen könne. Emotionalisiert machte sie in dem Moment mit beiden Armen eine klare abwehrende Geste. Zugleich stellte sie das vorher übers Knie geschlagene Bein ruckartig auf den Boden, sodass das Beistelltischchen touchiert wurde und leicht ins Wanken geriet. Instinktiv hatte die Patientin unbewusst die Kraft mobilisiert, sich zu wehren und durch ein Nein abzugrenzen. Durch die Spiegelung des eindeutigen Bewegungsausdrucks verspürte die Patientin eine unerwartet große Erleichterung darüber, dass es ihr spontan doch noch gelungen war, ein klares Nein auszudrücken. Die Erfahrung gab ihr Sicherheit und verstärkte die Zuversicht, dass sie es schaffen könnte, eines

Tages ihrem Mann gegenüber ein klares Nein zum Ausdruck zu bringen. Nach mehrfacher gemeinsamer Übung konnte sich die Patientin spielerisch und zunehmend humorvoll in die Bewegung einlassen. Sie probierte unterschiedlich schnelle, weichere und härtere Varianten ihrer Nein-Geste mit den Armen aus und konnte mit der Zeit das Gefühl abrufen, das bei einem klaren, aus der ruhigen Abwägung entstandenen Nein auftrat. Die ihr eigene Bewegung wurde zu einem abrufbaren Gefäß der Selbstvergewisserung. Durch die Spiegelung und Verankerung der Bewegung im therapeutischen Raum sowie durch die gegensätzliche und ebenfalls wiederholt eingeübte Bewegung für ein sicheres inneres Bejahen, konnte die Patientin in der Folge in kleinen Schritten immer wieder symbolisch ihren Raum sichern und ihre Bedürfnisse und Grenzen klarer artikulieren. Die Sicherheit bei der auftauchenden Selbstbehauptung in der Interaktion mit dem Ehemann, die sie allein aufgrund der ankernden Handbewegung verspürte, beeindruckte mich sehr. Im Zusammenhang mit dieser Entwicklung konnte die Patientin in der Therapie erstmals ansprechen, dass sie in einer früheren Beziehung als Jugendliche von ihrem Freund wiederholt durch Vergewaltigung bestraft worden war, sofern sie sich nicht seinen Forderungen fügte. Aus tiefer Beschämung hatte sie bisher nicht über diese Erfahrung gesprochen. Die damalige Verletzung und die schwelende, uneingestandene Aggression dem früheren Partner gegenüber, hatte wesentlichen Anteil am dysfunktionalen Beziehungsmuster, das sich viele Jahre später in ihrer Ehe konstelliert hatte. Die Durcharbeitung dieser Altlast erlaubte der Patientin unter anderem eine wohltuende Öffnung und die Rücknahme von Projektionen ihrem Mann gegenüber.

Ein zweites Beispiel stammt von einem bipolaren Patienten (25 Jahre), der während seiner hypomanen und manischen Phasen rappte und an Poetry Slams teilnahm, während depressiven Episoden jedoch wochenlang kaum sprach und unzählige Therapiestunden nahezu schweigend verbrachte. In den ersten Wochen der beginnenden Therapie war der Umgang mit diesem Schweigen sehr anspruchsvoll. Der Patient hatte zumindest zum Ausdruck geben können, dass er es nicht aushalte, wenn ich auch schweigen würde. So versuchte ich durch vorsichtiges Nachfragen einen gemeinsamen Zugang zu finden. Ich bat den Patienten zu überlegen, ob er sich an einen eigenen Reim erinnere, der zumindest annähernd ausdrücken könne, wie er sich in der depressiven Phase fühle. Zwei Wochen später brachte er die Strophe eines Gedichts mit, eine Parodie, welche beim Lesen bei mir dumpfen Schmerz und Trostlosigkeit hervorrief. Der Patient bejahte, dass er gerne über das Gedicht und seinen Zustand sprechen wollte. Er konnte jedoch trotz des Anliegens nicht sprechen, die Stimme versagte. Ich wollte das Gedicht nicht durch einen monologischen Interpretationsversuch meinerseits vereinnahmen und fragte deshalb nach einer Weile des Abwartens und des Versuchs, ein Gespräch aufzubauen, ob es für ihn in Ordnung sei, wenn ich ihm meine Wahrnehmung davon zeigen würde, wie sich die Person im Gedicht fühle. Nachdem er nickte, folgte ich meinem spontanen Bewegungsimpuls und stellte mich in eine Ecke mit dem Gesicht zur Wand. Mit gesenktem Kopf und hinter dem Rücken überkreuzten Handgelenken folgte ich gleichzeitig mit meinen Schultern dem Impuls einer langsamen, stereotypen Bewegung. Ob es die Überraschung darüber war, die eigene Therapeutin in dieser Position an der Wand stehen zu sehen oder eine andere Resonanz – der Patient stand langsam auf und beobachtete mich genau. Er bestätigte dann, dass es ziemlich so aussehe, wie er sich gerade fühle. Diese Interaktion ermöglichte offensichtlich eine Validierung der Gefühle des Patienten, die wir durch eine Resonanz auf der Ebene der Körpersprache erreichen konnten. Wir blieben während dieser Stunde bei der Körperarbeit. Ich bat den Patienten etwas später, selbst diejenige Position einzunehmen, die für ihn jetzt gerade am besten passe. Er kauerte sich an die Wand, umschloss mit den Armen die angewinkelten Beine und klemmte sich den Kopf zwischen die Knie. Dabei wählte er eine Stelle an der mir gegenüberliegenden Wand, jedoch halb versteckt hinter seinem Sessel. Die anschließende Spiegelung, dass sein Körper instinktiv eine sich schützende Haltung einnahm, diejenige des ursprünglich im Mutterleib geborgenen Kindes, das in der Wärme geborgen, den Herzschlag eines anderen Menschen vernimmt, schien den Patienten besser zu erreichen als viele der Worte in den vorhergegangenen Stunden. Gesehen zu werden in der inneren Bedürftigkeit, den Wunsch nach Wärme, Beziehung und Aufgehobensein anerkannt zu bekommen, der sonst gegenüber seiner meist reglosen, abweisend wirkenden Mimik schwer adressierbar schien, führte zu einer körperlich sichtbaren Entspannung. In der körperlichen Gegenübertragung empfand ich eine Wärme im Brustbereich und ich verspürte das freudig hoffnungsvolle Gefühl, dass der feine Beziehungsfaden, der sich zwischen uns gesponnen

7 Fallbeispiele zu körpertherapeutischen Interventionen

hatte, zu tragen begann. Im Verlauf dieser Therapie ist der Zugang über kleine körperliche Interventionen bis jetzt ein wertvolles Hilfsmittel zur Überbrückung des beim Patienten plötzlich auftretenden Verstummens der Sprache. Ob und zu welchem Zeitpunkt eine derartige Intervention mit welchen Patienten möglich ist, bleibt jedoch situativ mit Respekt und Feingefühl abzuwägen. Während kleinere Übungen, wie die Suche nach Ja- und Nein-Gesten, für viele Patienten hilfreich sind, können misslungene körpersprachliche Spiegelungen im falschen Moment genauso verletzend sein wie zu scharf gewählte Worte. Im letzten Kapitel werde ich auf die Chancen und Risiken der analytischen Trauma-Therapie und insbesondere des Einschlusses von körpertherapeutischen Interventionen im analytischen Setting eingehen.

8 Chancen und Risiken

Welche Chancen und Risiken birgt die analytisch-psychologische Arbeit mit Trauma-Patienten? Inwiefern lassen sich körpertherapeutische Interventionen sinnvoll im Kontext der Analyse anwenden? Die bisherigen Ausführungen haben gezeigt, dass die Analytische Psychologie über diverse ganzheitlich orientierte Methoden verfügt, die im Umgang mit Trauma-Patienten sinnvoll und wirksam genutzt werden können. Das jungsche Krankheitsverständnis ermöglicht einen prozessorientierten und symbolisierungsunterstützenden Zugang zu dissoziativen Störungen. Der Einschluss imaginativer und bewegungsorientierter Methoden und Interventionen ist insbesondere in solchen Fällen hilfreich, bei denen aufgrund der Traumatisierung die Symbolisierungsfähigkeit verschüttet ist oder infolge einer Frühstörung nicht aufgebaut werden konnte. Gleichzeitig inspiriert der ganzheitlich ausgerichtete Ansatz von Jung, der imaginative Techniken und die Wechselwirkung zwischen Körper und Psyche umfassend sowohl in sein Krankheitsverständnis wie in der praktischen Psychotherapie integriert hat, über das wissenschaftliche Verständnis hinaus zu einer sinnhaften und kreativen therapeutischen Arbeit. Das Verstehen individueller, aber auch kollektiver Dimensionen von Traumatisierung, die Arbeit mit Bildern, Geschichten und körperlicher Bewegung, erlauben es, die Fragen nach dem individuellen Lebenssinn und nach der eigenen Individuation in den Trauma-therapeutischen Prozess miteinzubeziehen.

Gleichzeitig gibt es Vorbehalte gegenüber der ganzheitlich ausgerichteten Analytischen Psychotherapie und zahlreiche Fallen in der therapeutischen Arbeit mit Trauma-Patienten.

Ein Vorbehalt gegenüber der Analytischen Psychotherapie mit Trauma-Patienten besteht gegenüber der Annahme von »Selbstheilungskräften« bzw. der postulierten Selbstregulierungsfähigkeit der Psyche. Die Auffassung, dass symbolische oder körperfokussierte Techniken bei Psychotraumatisierungen mehr als Entspannung und Stabilisierung bewirken könnten, sei im Umgang mit Trauma-Patienten naiv. Die zutiefst destruktive Realität der Psychodynamik werde unterschätzt, die Veränderungsmöglichkeiten der Patienten überschätzt und die eigentliche Konfrontation mit dem Trauma vermieden.

Der Einwand ist gewichtig. Die Selbstregulierungsprozesse (»Selbstheilungskräfte«) werden durch die mit dem Trauma verbundenen selbstdestruktiven Anteile (z. B. Internalisierung der Täteraggression) gehemmt oder (zumindest teilweise) zerstört. Destruktive innere Mechanismen zu bewältigen, setzt mehr voraus als ihr kreativer Ausdruck oder der kognitive Nachvollzug. Nicht immer lassen sich tote Punkte in der Seele überwinden. Beispielsweise löst die von Therapeuten gern gewählte Metapher eines *Schwarzen Lochs* zur Beschreibung des Trauma-Komplexes, der alles verschluckt oder kontaminiert, was mit ihm in Berührung kommt, meist unmittelbare Resonanz bei Patienten aus. Oftmals wählen die Patienten dieses Bild auch intuitiv bei der zeichnerischen Auseinandersetzung. Zur eigentlichen Integration genügt es jedoch nicht, diese als *Außendynamik* identifizierte Ursache möglichst weitläufig zu erkennen und zu umgehen (Externalisierung). Die Sogkraft zu bannen, gelingt nur dann, wenn der Betroffene aus der Opferidentifikation tritt und erkennt, dass die Trauma-Erfahrung, das *Schwarze Loch* inzwischen auch zu einem Teil der eigenen psychischen Landschaft und des eigenen Agierens geworden ist. Die bittere Erkenntnis, dass die Identifikation mit dem Trauma-Komplex beispielsweise über unbewusste Aggressionen auch in der eigenen Umwelt Beziehungen gefährdet oder zu einem paranoid-verängstigten Zustandsbild in der Familie geführt hat, ist jedoch vorausgesetzt, um diese Identifikation schrittweise durchzuarbeiten und aufzulösen.

Entsprechende Durcharbeitungsprozesse, in jungscher Begrifflichkeit als Arbeit mit dem Schatten bezeichnet, sind durch den Einsatz von körper- oder symbolorientierten Techniken in der Analytischen Therapie keinesfalls suspendiert. Das Eingeständnis, dass das Negative des Traumas unbewusst auch durch die betroffene Person weitergegeben wird und die Überwindung dieser Muster verantwortlich selbstreflexiv erarbeitet werden muss, setzt jedoch bereits eine stabile Ich-Stärke voraus. Insbesondere Maltherapie, Sandspiel und körpertherapeutische Elemente können begleitend als Selbstregulierungswerkzeuge dienen. Der Patient lernt dadurch, sich selbst zu stabilisieren. Wird die Konfrontation beispielsweise zu früh forciert, kann dies schwerwiegende Folgen haben, da die pathologischen Mechanismen auch eine stabilisierende Funktion spielen können, indem sie »das ganze Persönlichkeitsgebäude« zusammenhalten (Daniel, 2018, S. 107).

Ein Missverständnis, das dem Einwand der Selbstregulierung zugrunde zu liegen scheint, besteht in der Gleichsetzung der Selbstregulierungsfähigkeit mit der Annahme, dass Traumatisierungen bei allen Patienten überwunden werden können. Sofern die Analytische Psychologie den »romantischen« Ansätzen zugeordnet wird (Dornes, 2016, S. 35 f.), welche auf die Selbstheilungskräfte der Psyche fokussiert und das Unbewusste eher als Ressource für Wachstum und Überwindung sieht, denn als trüber Hort des unschön Verdrängten, mag diese Gleichsetzung erwogen werden.[9] So beschrieb etwa Erich Neumann, dass die Analytische Psychologie im Gegensatz zur Psychoanalyse monistisch orientiert sei (Neumann, 1963, Abs. 151). Bei der Libido-Theorie nehme sie entsprechend nicht den Gegensatz von Liebes- und Todestrieb (Eros und Thanatos) an, sondern eine primär einheitliche Libido, die als »psychisches Interesse« alle objektiven und subjektiven Inhalte bindet und »besetzt«, sei es an die Ganzheit der Psyche oder an das Ich-Zentrum. Diese Libido diene als Grundlage jeder

---

9 Dornes beschreibt die Entwicklung der Psychoanalyse: »Die Psychoanalyse ist kein einheitliches Theoriegebäude mehr. Im Grunde war sie das noch nie. Seit ihren Anfängen enthält sie mindestens zwei Menschenbilder, ein heroisches und eines, das man eher als romantisch bezeichnen könnte. Während bei Freud und Melanie Klein im Unbewussten eher ›abstossende‹ Dinge wie Vatermord und Inzestwünsche toben, die man kennen und beherrschen muss, um einigermassen anständig zu leben, ist bei Ferenczi, Winnicott, Balint und Kohut das Unbewusste (auch) ein Hort von Kreativität, gesunden Wachstumsimpulsen, wahrem Selbst, Ambitionen, Idealen, und ähnlichem. Bei Freud und den Vertretern der heroischen Tradition erscheint das Unbewusste eher wie ein Eimer, im dem ziemlich trübes Wasser brodelt; für die psychoanalytische ›Romantik‹ ist es eher eine Quelle, aus der im Falle einer gelungenen Entwicklung oder Therapie vorwiegend klares Wasser sprudelt.« (Dornes, 2016, S. 35 f.) Zwar findet Jung bei Dornes keine Erwähnung, er ist jedoch eindeutig der »romantischen« Tradition zuzuordnen.

Lebenserfahrung und Bewusstseinserweiterung. Die »monistische« Deutung der Libido-Theorie lässt sich m.e. nicht generell auf die Analytische Psychologie beziehen. Guggenbühl-Craig nimmt den Gegensatz von Eros und Psychopathie in seinem Buch *Seelenwüsten* aus jungscher Sicht auf (Guggenbühl-Craig, 1980). Er betont, dass jeder Mensch im Lebensverlauf in seinen körperlichen, seelischen oder geistigen Fähigkeiten sowie im Funktionieren beeinträchtigt wird. Entscheidend sei nicht die Abwesenheit von diesen Bereichen persönlicher »Invalidität«, sondern die Frage, ob die Persönlichkeit die eigene »Invalidität« aus einer emotionalen Reife heraus (verbunden mit dem »Eros«) kompensiere, oder auf eine sich selbst oder anderen gegenüber pathologische bzw. psychopathische Weise (Guggenbühl-Craig, 1980, S. 14 u. 120 ff.). Insgesamt ist die Annahme der innerseelischen Polarität für die Analytische Psychologie von großer Bedeutung. Sie zieht sich sowohl in der Archetypenlehre wie mit dem Begriff des Schattens, über die Annahme einer Transzendenten Funktion, welche den Gegensatz zwischen bewussten und unbewussten Anteile überbrückt, über die Persönlichkeitstypologie und über die Beschreibung gegensätzlicher psychodynamischer Strebungen wie der Introversion und der Extraversion durch Jungs Werk.

Die Idee der Individuation und die These, dass der Archetyp des Selbst diesen Entwicklungsprozess unter günstigen Bedingungen anstoßen und steuern kann, ist einerseits tragend für das analytisch-psychologische Selbstverständnis. Dies ändert jedoch nichts daran, dass die ungeschönte Konfrontation mit den destruktiven Anteilen in der jungschen Analyse vergleichbar vorausgesetzt ist wie in der psychoanalytischen Auffassung die Auseinandersetzung mit dem Todestrieb. O'Kane beschreibt die Polarität des Selbstarchetypen und problematisiert, dass in der jungschen Analyse oftmals zu stark auf die positiven Aspekte des Selbst fokussiert werde:

> »Auf theoretischer Ebene wird das Selbst wohl als Ganzheit gesehen, als Archetyp mit zwei Gesichtern, der ebensowohl destruktive, dunkle und unergründliche Schattenseiten wie auch lichte Aspekte in sich birgt. Aber in der Praxis berufen sich Analytiker viel zu oft nur auf die positiven Aspekte, von denen sie Heilung und Fortschritt erwarten.« (O'Kane, 1993, S. 49)

Eine Eigenheit der Analytischen Psychologie besteht darin, dass über das persönliche Erleben hinaus Bezüge zum Kollektiv gemacht werden, welche das eigene Schicksal mitprägen. So wird davon ausgegangen, dass der Selbstarchetyp in seiner Polarität auch eine kollektive Dimension hat:

> »Sehr vereinfacht gesagt, manifestiert sich das dunkle Gesicht des Selbst auf zwei Ebenen: die eine ist kollektiv, global – jeder Mensch hat einen Anteil daran – und die andere ist individuell, in direkter Beziehung mit dem Ich. Auf der kollektiven Ebene drückt sich das Dunkle in den grausamen Aspekten der Aussenwelt aus, in Kriegen zum Beispiel oder in Hungersnöten und Gewalt, aber auch in der Zerstörung der Umwelt. Auf der individuellen Ebene manifestiert sich der dunkle Pol des Selbst in schmerzerfüllten Erlebnissen, Krankheiten, Verzweiflung und Depression. Viele Individuen müssen sich mit Erfahrungen auseinandersetzen, die, obwohl wenig spektakulär, ein grosses Mass an Leiden und Hoffnungslosigkeit mit sich bringen.« (O'Kane, 1993, S. 49 f.)

Im analytischen Alltag sei »das Gerede von Fortschritt« dort zu Ende, wo die Beziehungsprobleme und Lebenskrisen direkt mit dem Schatten des Selbst zu tun hätten, und die Konfrontation mit dem unbegreiflichen Leiden der Patienten unausweichlich sei (O'Kane, 1993, S. 50). Daniel beschreibt in Anlehnung an O'Kane ausführlich die Konstellation der »dunklen Seite des Selbst« und stellt aktuelle Bezüge zu kollektiven Entwicklungen her (Daniel, 2018, S. 107 ff.).

Die Ausführungen machen deutlich, dass die Arbeit mit der destruktiven menschlichen Seite unabdingbar zur jungschen Analyse (nicht nur von Trauma-Patienten) gehört, auch wenn »der dunkle Selbstpol« in der therapeutischen Arbeit oftmals vermieden wird (Daniel, 2018, S. 107). Traumatisierungen können nicht immer überwunden werden; gewisse Patienten bleiben im »dunklen Pol des Selbst« gefangen. In diesen Fällen sieht Daniel in Anlehnung an O'Kane die Rolle des Therapeuten im Aushalten und Bezeugen der Negativität, die den Patienten belastet:

> »Wenn nicht der kleinste Fortschritt mögliche wird, wenn es keine Möglichkeit gibt, das Dunkle zu besiegen, sei es als Held, Trickster, durch Identifikation/Inflation oder anderes, dann bleibt für den, der nicht abwehrt, nur noch die Begegnung. Das Ich erträgt dann die Präsenz des dunklen Selbst, kann es ertragen – mittragen, Zeuge sein oder Wissender.« (O'Kane, 1993, S. 49 ff., zit. n. Daniel, 2018, S. 107)

Für die Therapeuten ist die Arbeit im »Todesbereich« von frühgestörten oder traumatisierten Menschen entsprechend anspruchsvoll (Daniel, 2018, S. 108). Bedeutet dies jedoch, dass bei der Arbeit mit traumatisierten Patienten auf die Annahme der Selbstregulierung verzichtet werden sollte?

8 Chancen und Risiken

Es kennzeichnet die Analytische Psychologie, dass sie »unabhängig davon, welcher Pol dominiert« an der Idee festhält, dass der »Archetyp des Selbst ein Heilungspotential enthält« (O'Kane, 1993, S. 50), dessen Aktivierung im Zentrum der analytischen Arbeit steht.

»Nach Jung ist die Psyche fähig, unter der Bedingung, dass man sie nicht daran hindert, spontan ein Gleichgewicht zu finden, das die Haltung des Bewusstseins korrigieren oder ergänzen kann.« (O'Kane, 1993, 50)

Obwohl diese Bedingungen insbesondere durch die dissoziativen Abwehrmechanismen traumatisierter Patienten ungleich erschwert sind, wird ausgehend von der Annahme der Selbstregulierung die zukünftige Entwicklungsmöglichkeit immer als Option mitgedacht. Mir scheint, dass die Vorstellung von der Selbstregulierung der Psyche auch bei traumatisierten Patienten auf große Resonanz stoßen kann. Der Fokus wird auf Persönlichkeitsanteile oder Erfahrungen gerichtet, bei denen sich die Betroffenen – allenfalls vor der traumatischen Erfahrung – selbstwirksam fühlten und in ihrem Leben einen Sinn erkennen konnten. Die finale Deutung, welche auf die gesunden Anteile fokussiert, lohnt aus einer ressourcenorientierten Perspektive wann immer möglich zu erhalten. Es geht nicht darum, unrealistische Hoffnungen zu machen, sondern an den Patienten und sein Entwicklungspotential zu glauben und ihm diese Haltung zu vermitteln. Hoffnung und Motivation wirken sich in der Regel positiv auf den Selbstwert und die Veränderungsbereitschaft aus, und sie sind mit dem Ziel eines realistischen Selbstverhältnisses vereinbar. Die Vorstellung von »Selbstheilungskräften« kann auch dazu dienen, die Projektion des »Retters« auf den Therapeuten zu mildern, wodurch der Patient Eigenverantwortung für den Prozess übernehmen kann und sich weniger abhängig fühlt.

Aus der Sicht der analytischen Psychologie kann man den Prozess der Individuation nur verstehen, wenn man auch den kollektiven und sozialen Kontext des jeweiligen Patienten miteinbeziehet. Die Frage nach dem Sinn des eigenen Lebens, welche sich auch in Trauma-Therapien stellt, kann man zum Beispiel nur beantworten, wenn man auch die Generationengeschichte und das kulturelle Erbe des jeweiligen Patienten aufarbeitet. Es wird davon ausgegangen, dass das persönliche Unbewusste mit dem kollektiven Unbewussten (der Familie, Gesellschaft etc.) interdependent verflochten ist. Um diese Dimension in der Trauma-Therapie miteinzubeziehen und über den persönlichen Leidenszusammenhang hinaus zu blicken, braucht es jedoch vorgängig die Kultivierung der Fähigkeit »seinem persönlichen Schicksal anzuhängen, auch wenn es negativ ist und Leiden mit sich bringt« (O'Kane, 1993, S. 62).

Die Beachtung des kollektiven Unbewussten und von kulturellen Prägungen ist in der Trauma-therapeutischen Arbeit mit Angehörigen aus anderen Kulturkreisen besonders wichtig. Studien zur westlich geprägten Nothilfe, welche nach einem Tsunami in Sri Lanka erhoben wurden, zeigen, dass das kulturelle Krankheitsverständnis und rituelle Copingstrategien in kollektiven Kulturen soweit vom westlichen Verständnis der PTBS-Behandlung abweichen können, dass die Nothilfe nach DSM gestützten Manuals kontraproduktiv wirken kann (Watters, 2010, Kap. 2). Die Überzeugung, dass ein Trauma möglichst umgehend nach dem Ereignis verarbeitet werden soll und dass die primäre Arbeit bei der intrapsychischen und physischen Reaktion auf das Trauma ansetzen sollte, stand beispielsweise im Konflikt mit der Überzeugung der Betroffenen, dass der Verlust der sozialen Beziehungen durch das Ereignis von vorrangiger Bedeutung war (Watters, 2010, S. 91). Die lokalen »Therapievorschläge« bezogen sich auf die Wiederaufnahme interpsychischer Kontakte und die Wiedereinsetzung kommunaler und ritueller Orte und Prozesse, welche dabei halfen, den Verlust der sozialen Beziehungen zu überwinden. Der Fokus auf das persönliche Trauma der Betroffenen anhand von Nothilfeprogrammen, welche beispielsweise Kinder dazu bringen wollten, das Trauma zu zeichnen, führte nicht per se zur Durcharbeitung, sondern trug auch zur Manifestation der Symptome bei. Durch die explizite Validierung und die Auseinandersetzung mit den persönlichen Folgen des Traumas wurde der spontane (selbstregulierende) Impuls der Kinder, möglichst schnell wieder zur Schule gehen zu wollen, irritiert.

> »The failure to manage one's social responsibilities – to find and fulfill a place in the group was identified as the primary symptom of distress and not a consequence of an internal psychological problem. […] If however, the social difficulties are the primary symptom of distress, taking time away from one's duties and social roles to pursue something like individual counseling may actually exacerbate the problem.« (Watters, 2010, S. 92 f.)

8 Chancen und Risiken

Die Stabilisierung der Einzelpsyche gelang bei den Betroffenen in Sri Lanka besser über die Reintegration in soziale Gruppen und die Wiedereinsetzung des sozialen Gefüges. Die langfristige Integration der persönlichen Traumatisierungen geschah in diesem Kreis impliziter, über unbewusste Rituale und gemeinsame Praktiken. Vor diesem Hintergrund erlaubt die Analytische Psychologie, welche einerseits mit der Idee der Selbstregulierung und mit dem Begriff des kollektiven Unbewussten den Respekt für kulturell spezifische kollektive Praktiken und Rituale zentral vertritt, und andererseits vom Grundprinzip ausgeht, dass der Therapeut aufgrund der Nicht-Reduzierbarkeit des Einzelwesens bereits sein muss, notfalls die Therapie für jeden Patienten neu zu erfinden, bzw. die Therapieformen so anzupassen, dass es den Patienten erreicht, einen überkulturell anwendbaren Zugang.

Ein weiterer Vorbehalt gegenüber der analytisch-psychologischen Arbeit mit Trauma-Patienten besteht in der Annahme von archaischen Übertragungsmechanismen, deren Unkenntnis zu Abgrenzungsproblemen und Verstrickungen zwischen Therapeut und Patient führen können. Unabhängig von der psychotherapeutischen Richtung setzt die Arbeit mit Trauma-Patienten idealerweise eine spezifische Schulung im Umgang mit Übertragungs- und Gegenübertragungsphänomenen voraus (Zurek, Barwinski und Fischer, 2002). Die Gefahr von Retraumatisierungen durch unbedarfte oder kontrainduzierte Interventionen ist hoch, was auch die Skepsis von namhaften Autoren wie Bessel van der Kolk (West, 2018, S. 255) an der Analytischen Psychotherapie mit Trauma-Patienten begründet. Fischer et. al. (2011) setzen von Trauma-Therapeuten neben der gezielten Schulung des Umgangs mit Übertragung, Gegenübertragung und Eigenübertragung auch die regelmäßige explizite Reflexion des therapeutischen Prozesses und einen adaptierten Umgang mit klassischen neurosetheoretischen Konzepten wie der Abstinenz oder der freien Assoziation voraus. Sie empfehlen Trauma-Therapeuten eine engagierte, nicht neutrale Haltung bei Aufrechterhaltung der selbstkritischen Abstinenz. Abstinenz wird verstanden als Abstinenz von den eigenen Bedürfnissen und egozentrischen Vorstellungen des Therapeuten (Fischer & Riedesser, 2009, S. 219). Die stabilisierende Anfangsphase der Therapie und der Aufbau einer tragfähigen Arbeitsbeziehung müssen mit besonderer Sorgfalt und besonderen Techniken gestaltet werden, damit sich zwischen Patient und Therapeut ein tragfähiges Arbeitsbündnis einstellt (Zurek et al., 2002). Dies gilt insbesondere für PTBS-Patienten und Patienten mit Frühstörungen. Letztere finden sich in der Klientel fast jedes Psychotherapeuten, da sie sich seltener als PTBS-Patienten direkt an Trauma-Therapeuten wenden. Es scheint mir wichtig, abschließend einige Fallen im Übertragungsverhältnis aufzunehmen und auf die weiterführende Literatur zu verweisen.

Fischer und Riedesser rezipieren vier Typen ungünstiger Gegenübertragungsreaktionen. Die Konflikte entstehen im Spannungsfeld zwischen Überidentifizierung und Vermeidung sowie zwischen therapeutischen Normen und persönlicher Haltung. Beispielsweise werden die empathischen Bemühungen durch aufkeimende Unsicherheit, Verletzlichkeit und unmodulierte Affekte wie Ärger, Furcht, Wut oder Schuldgefühle aus dem Gleichgewicht gebracht. Eine weitere Falle besteht im Rückzug aus der empathischen Verständigung durch fassadenhaftes Verhalten, Intellektualisierung und Fehlwahrnehmungen der Beziehungsdynamik. Es kann zur Empathieverdrängung mit Rückzugsverhalten des Therapeuten, Verleugnung und Distanzierung sowie zu Grenzvermischungen zwischen Überengagement und gegenseitiger Abhängigkeit kommen (Fischer & Riedesser, 2009, S. 217). Die Macht traumatischer Komplexe ist groß, sodass auch die Therapeuten als Bezugspersonen in Ohnmachtserfahrungen und blockierende Täter-, Retter- oder Opfer-Identifikation kippen können. Die regelmäßige detaillierte Analyse der Beziehungsdynamik in der Intervention und die Reflexion über den Therapieverlauf dient dem Selbstschutz des Therapeuten ebenso wie dem Schutz des Patienten.

Trotz der Herausforderungen in der Arbeit mit Trauma-Patienten, welche durch die archaischen Übertragungsmechanismen einen oft unterschätzten Impact auf die Gegenübertragung und Eigenübertragung des Therapeuten beinhaltet, hat die Analytische Psychotherapie durch ihre ganzheitliche Ausrichtung ein breites Spektrum an Zugängen anzubieten: Bewegung, Imagination und Kreativität werden durch die Methoden des Malens, Sandspiels, Mythodramas oder Tanzens angeregt. Die oftmals diffusen unbewussten Verstrickungen des Patienten, jedoch auch Übertragungsverhältnisse und Konflikte können sich nicht nur in Träumen, sondern gerade über diese bewegungsorientierten Methoden ausdrücken. So wird der körperliche und seelische Ausdruck der Patienten, der verbal und kognitiv nicht zu benennen ist, darstellbar und zugänglich für die Bearbeitung im analytischen Prozess.

Die Eignung der Techniken stützt sich auf die jungsche Komplextheorie, welche den körperlichen Ausdruck als Repräsentation für den seelisch-emotionalen Zustand ernst nimmt. Die Komplextheorie von Jung steht in einem komplementären Verhältnis zur Theorie der strukturellen Dissoziation, welche auf der Basis von Janets Beobachtungen und neurowissenschaftlichen Erkenntnissen ausgearbeitet wurde. Ich habe versucht aufzuzeigen, dass die Theorie der strukturellen Dissoziation und ihren praktischen Implikationen ein Verständnis psychophysischer traumatischer Prozesse liefert, welches das Trauma-Verständnis der Analytischen Psychologie ergänzt (Boon, Steele und van der Hart, 2013; van der Hart et al., 2008). Während einerseits die Aktualität und Relevanz der Komplextheorie im Verhältnis zu aktuellen Trauma-Theorien gezeigt werden konnte, erwies sich andererseits auch der erweiternde Blick auf die Objektbeziehungstheorie, die Bindungstheorie und die Erkenntnisse der Mentalisierungsforschung als fruchtbar, um die unbewussten innerpsychischen Dynamiken traumatisierter Menschen und die Komplexität des Störungsbildes nachzuvollziehen. Der mentalisierungsorientierte Zugang ist ein wichtiges Handwerkszeug bei kognitiven Interventionen sowie für die Psychoedukation im analytischen Setting. Das Gleiche gilt für körpertherapeutische Ansätze. Sie sind eine Ressource in der Trauma-therapeutische Arbeit. In Bewegungen, der körperlichen Ausdrucksweise und in Somatisierungen stellen sich psychische Realitäten dar. Der Einschluss von körpertherapeutischer Reflexion kann im analytischen Setting eine wichtige Ergänzung sein. Voraussetzung ist jedoch – abgesehen von der Bereitschaft des Patienten –, dass dem Therapeuten körpertherapeutische Zugänge vertraut sind und er sich bei der Anwendung sicher fühlt. Kleine Übungen wie die Frage, wo im Körper ein Patient ein Gefühl wahrnimmt oder welche Bewegung oder Körperhaltung sein Empfinden ausdrückt, können bereits sehr wirkungsvoll sein. Das Erleben des empathischen Bezeugens (Witnessing) durch den Therapeuten, welches primär auf der non-verbalen Ebene geschieht, ermöglicht Resonanz auf der Ebene des Körperselbst. Es ist die früheste und ursprünglichste Bewusstseinsebene, auf der die Person als Kind Beziehung zur Bezugsperson aufgenommen und erfahren hat. Wenn die korrigierende Beziehungserfahrung in der

8 Chancen und Risiken

Therapie auf dieser Ebene ansetzen kann, ermöglicht dies auch Personen mit Frühstörungen einen Neuanfang in ihrer Beziehungsgeschichte. Wie diese Einsicht mit einer neutralen und abstinenten Haltung in der Analyse genutzt werden kann, muss weiter diskutiert werden.

Literaturverzeichnis

Adam, K.-U. (2011). *Therapeutisches Arbeiten mit Träumen: Theorie und Praxis der Traumarbeit* (2., überarbeitete und erweiterte Auflage [Nachdr.]). Berlin: Springer Medizin.

Allen, J. G., Fonagy, P. & Bateman, A. (2011). *Mentalisieren in der psychotherapeutischen Praxis*. Stuttgart: Klett-Cotta.

American Psychiatric Association (Ed.) (2013). *Diagnostic and Statistical Manual of Mental Disorders* (5th revised edition). Washington, DC: American Psychiatric Association Publishing.

Ammann, R. (1986). Sandspiel. *Kind und Umwelt, Beiträge zur analytischen Kinder- und Jugendlichen-Psychotherapie, 51*, 41–56.

Ammann, R. (1989). *Heilende Bilder der Seele. Das Sandspiel – der schöpferische Weg der Persönlichkeitsentwicklung*. München: Kösel.

Ammann, R., Martin, H. & Pattis Zoja, E. (2004). *Sandplay therapy: Treatment of psychopathologies*. Einsiedeln: Daimon.

Barwinski, R. (2011). *Die erinnerte Wirklichkeit: Zur Bedeutung von Erinnerungen im Prozess der Traumaverarbeitung* (2. Auflage). Kröning: Asanger.

Barwinski, R. & Holderegger, H. (2016). *Resilienz in der Psychotherapie: Entwicklungsblockaden bei Trauma, Neurosen und frühen Störungen auflösen*. Stuttgart: Klett-Cotta.

Bohleber, W. (2012). *Was Psychoanalyse heute leistet: Identität und Intersubjektivität, Trauma und Therapie, Gewalt und Gesellschaft*. Stuttgart: Klett-Cotta.

Boon, S., Steele, K. & van der Hart, O. (2013). *Traumabedingte Dissoziation bewältigen: ein Skills-Training für Klienten und ihre Therapeuten*. Paderborn: Junfermann.

Bovensiepen, G. (1986). Die Funktion des Traumes für die Beziehung des Ich zum Unbewussten in der Analyse von Prä-Adoleszenten. *Kind und Umwelt. Beiträge zur analytischen Kinder- und Jugendlichen-Psychotherapie, 51*, 2–23.

Bowlby, J. (1973). *Separation: Anxiety and Anger*. New York, NY: Basic books.

Bowlby, J. (1974). *Attachment and Loss*. London: Hogarth Press.

Campbell, J. (1949). *The Hero with a thousand faces*. New York, NY: Pantheon Books.

Chodorow, J. (1984). To move and be moved. *Quadrant, 17* (2), 39–48.

Chodorow, J. (1991). *Dance therapy and depth psychology: The Moving Imagination*. London/New York: Routledge.

Cloitre, M., Garvert, D. W., Brewin, C. R., Bryant, R. A. & Maercker, A. (2013). Evidence for proposed ICD-11 PTSD and Complex PTSD: A latent profile analysis. *European Journal of Psychotraumatology*, 4 (1).
Damasio, A. (2000). *The feeling of what happens: Body and emotion in the making of consciousness*. San Diego, CA: Mariner Books.
Daniel, R. (2018). *Das Selbst: Grundlagen und Implikationen eines zentralen Konzepts der analytischen Psychologie*. Stuttgart: Kohlhammer.
Dieckmann, H. (2003). *Träume als Sprache der Seele: Einführung in die Traumdeutung der Analytischen Psychologie C. G. Jungs* (2. Auflage). Krummwisch: Königsfurt.
Dilling, H. (2012). *Taschenführer zur ICD-10-Klassifikation psychischer Störungen: Mit Glossar und Diagnostischen Kriterien sowie Referenztabellen ICD-10 vs. ICD-9 und ICD-10 vs. DSM-IV-TR*. Bern: Huber.
Donovan, D. M. (1991). Traumatology: A field whose time has come. *Journal of Traumatic Stress*, 4 (3), 433–436.
Doonan, F. & Bräuninger, I. (2015). Making space for the both of us: How dance movement therapy enhances mother-infant attachment and experience. *Body, Movement and Dance in Psychotherapy*, 10 (4), 227–242.
Dornes, M. (2016). *Die emotionale Welt des Kindes* (6. Aufl.). Frankfurt am Main: Fischer.
Early, E. (1993). *The raven's return: The influence of psychological trauma on individuals and culture*. Illinois: Chiron.
Ermann, M. (2012). *Psychoanalyse heute: Entwicklungen seit 1975 und aktuelle Bilanz* (2. Auflage). Stuttgart: Kohlhammer.
Fischer, G., Barwinski, R., Becker-Fischer, M. & Eichenberg, C. (2011). *Emotionale Einsicht und therapeutische Veränderung: Manual der modernen tiefenpsychologischen und analytischen Psychotherapie*. Kröning: Asanger.
Fischer, G. & Riedesser, P. (2009). *Lehrbuch der Psychotraumatologie* (4., aktualisierte und erweiterte Auflage). München: Ernst Reinhardt.
Fonagy, P. (2004). *Affektregulierung, Mentalisierung und die Entwicklung des Selbst*. Stuttgart: Klett-Cotta.
Freud, S. (1893). Charcot. *Gesammelte Werke*, Band I (S. 21–35).
Freud, S. (1896). Zur Ätiologie der Hysterie. *Gesammelte Werke*, Band I. Zugriff am 12.08.2019 unter www.pep-web.org/document.php?id=gw.001.0425a#p0425.
Freud, S. (1919). Einleitung. Zur Psychoanalyse der Kriegsneurose. *Gesammelte Werke*, Band XII (S. 321–329). London: Imago.
Freud, S. (1923). *Jenseits des Lustprinzips*. Leipzig, Wien, Zürich: Internationaler Psychoanalytischer Verlag.
Frey-Rohn, L. (1981). *Von Freud zu Jung: eine vergleichende Studie zur Psychologie des Unbewussten*. Zürich: Daimon.
Frey-Rohn, L. (2010). *Von Freud zu Jung*. Einsiedeln: Daimon.
Galliker, M., Klein, M. & Rykart, S. (2007). *Meilensteine der Psychologie: die Geschichte der Psychologie nach Personen, Werk und Wirkung*. Stuttgart: Kröner.

Gobodo-Madikizela, P. & van der Merwe, C. (2008). *Narrating our healing: Perspectives on working through trauma*. Cambride Scholars Publishing.

Götz-Goerke, M. (2007). *Psychoanalytische Therapie mit früh traumatisierten Patienten: innere Bilder als therapeutischer Zugangsweg*. Kröning: Asanger.

Grossmann, K. E & Grossmann, K. (2003). *Bindung und menschliche Entwicklung: John Bowlby, Mary Ainsworth und die Grundlagen der Bindungstheorie*. Stuttgart: Klett-Cotta.

Guggenbühl, A. (1999). *Das Mythodrama: Eine empirische Untersuchung zu einem gruppentherapeutischen Verfahren bei Kindern aus Scheidungsfamilien*. Zürich: Edition IKM.

Guggenbühl-Craig, A. (1980). *Seelenwüsten: Betrachtungen über Eros und Psychopathie*. Zürich: Schweizer Spiegel Verlag.

Gwen, A. (2016). *Changing minds and mental health*. Gresham College London. Zugriff am 10.07.2019 unter www.youtube.com/watch?v=ccr4QQ3LwcA.

Hantke, L. & Görges, H.-J. (2012). *Handbuch Traumakompetenz: Basiswissen für Therapie, Beratung und Pädagogik*. Paderborn: Junfermann.

Hartmann, E. (1998). *Dreams and Nightmares: The New Theory on the Origin and Meaning of Dreams*. Plenum Trade.

Hell, D. (2018). *Lob der Scham: nur wer sich achtet, kann sich schämen* (Originalausgabe). Gießen: Psychosozial-Verlag.

Herman, J. L. (2014). *Die Narben der Gewalt: traumatische Erfahrungen verstehen und überwinden* (4. Auflage, mit einem Nachwort der Autorin aus dem Jahre 1997). Paderborn: Junfermann.

Herman, J. L. & Hirschman, L. (1997). *Father-daughter incest* (12th printing). Cambridge, MA: Harvard University Press.

Hirsch, M. (2011). *Trauma* (Originalausgabe). Gießen: Psychosozial-Verlag.

Hofmann, A. & Barre, K. (2014). *EMDR: Praxishandbuch zur Behandlung traumatisierter Menschen* (5., vollständig überarbeitete und erweiterte Auflage). Stuttgart: Thieme.

Honneth, A. (2006). Facetten des vorsozialen Selbst. Eine Erwiderung auf Joel Whitebook. In M. Altmeyer & H. Thomä (Hrsg.), *Die vernetzte Seele. Die intersubjektive Wende in der Psychoanalyse* (S. 314–333). Stuttgart: Klett-Cotta.

Jacobi, J. (2012). *Die Psychologie von C.G. Jung: eine Einführung in das Gesamtwerk* (aktual. Neuausgabe). Ostfildern: Patmos.

Jacoby, M. (1998). *Grundformen seelischer Austauschprozesse: Jungsche Therapie und neuere Kleinkindforschung*. Einsiedeln: Daimon.

Janet, P. (1889). *L'automatisme psychologique: essai de psychologie expérimentale sur les formes inférieures de l'activité humaine* (1889). Paris: L'Harmattan.

Jones, E. (2012). Shell shocked. *Monitor on Psychology*, 43 (6), 18.

Jung, C. G. & Chodorow, J. (1997). *Jung on active imagination: Key readings*. London: Routledge.

Jung, C. G. (2011a). *Die Dynamik des Unbewussten*. GW, Bd. 8 (4. Auflage). Ostfildern: Patmos.

Jung, C. G. (2011b). *Freud und die Psychoanalyse.* GW, Bd. 4 (3. Auflage). Ostfildern: Patmos.
Jung, C. G. (2011c). *Praxis der Psychotherapie. Beiträge zum Problem der Psychotherapie und zur Psychologie der Übertragung.* GW Bd. 16. Ostfildern: Patmos.
Jung, C. G. (2011d). *Psychogenese der Geisteskrankheiten.* GW, Bd. 3 (3. Auflage). Ostfildern: Patmos.
Jung, C. G. (2011e). *Psychologische Typen.* GW, Bd. 6 (3. Auflage). Ostfildern: Patmos.
Jung, C. G. (2011f). *Über die Entwicklung der Persönlichkeit.* GW, Bd. 17 (3. Auflage). Ostfildern: Patmos.
Jung, C. G. (2011g). *Zwei Schriften über Analytische Psychologie.* GW, Bd. 7 (3. Auflage). Ostfildern: Patmos.
Jung, C. G. (2009). *Erinnerungen, Träume, Gedanken.* Aufgezeichnet und herausgeben von Aniela Jaffé (16. Aufl., korrigierte Sonderausgabe). Ostfildern: Patmos.
Jung, C. G. & Jung, L. (1987). *Kinderträume.* Olten: Walter.
Kalff, D. M. & Kalff, M. (2000). *Sandspiel: seine therapeutische Wirkung auf die Psyche* (4. Auflage). München: Ernst Reinhardt.
Kalsched, D. E. (1996). *The inner world of trauma. Archetypal defenses of the personal spirit.* New York, NY: Routledge.
Kalsched, D. E. (2013). *Trauma and the soul: A psycho-spiritual approach to human development and its interruption.* London: Routledge.
Kalsched, D. E. (2003). Daimonic elements in early trauma. *Journal of Analytical Psychology, 48* (2), 145–169.
Kellermann, N. (2009). *Holocaust trauma: Psychological effects and treatment.* Bloomington, in: iUniverse.
Kerényi, K. (2014). *Die Mythologie der Griechen* (5. Auflage). Zürich: Klett-Cotta.
Kernberg, O. F. (2009). *Borderline-Störungen und pathologischer Narzissmus* (15. Auflage). Frankfurt am Main: Suhrkamp.
Kernberg, O. F. (2012). *Liebe und Aggression: eine unzertrennliche Beziehung.* Stuttgart: Schattauer.
Krüger, A. (2012). *Powerbook: Erste Hilfe für die Seele. Trauma-Selbsthilfe für junge Menschen* (2. Auflage). Hamburg: Elbe & Krüger.
Lauffenburger, S. K. (2016). Demonized body, demonized feelings: Languaging the affective body. *Body, Movement and Dance in Psychotherapy, 11* (4), 263–276.
Leuner, H. (1994). *Katathym-imaginative Psychotherapie (K.I.P.): »Katathymes Bilderleben«, Einführung in die Psychotherapie mit der Tagtraumtechnik* (5., neubearbeitete und erweiterte Auflage). Stuttgart: Thieme.
Levine, P. A. (1998). *Trauma-Heilung. Das Erwachen des Tigers.* Essen: Synthesis.
Main, M. & Hesse, E. (1992). Desorganized/desoriented infant behaviour in the Strange Situation, lapses in the monitoring of reasoning and discourse during the parents Adult Attachment Interview, and dissociative states. In M. Ammaniti und D. Stern (Eds.), *Attachment and Psychoanalysis* (pp. 86–140). Rome: Gius, Latercza, Figli.

Literaturverzeichnis

Maercker, A. (Hrsg.) (2013). *Posttraumatische Belastungsstörungen.* Berlin, Heidelberg: Springer.
Maercker, A. & Augsburger, M. (2017). Psychotraumatologie. Differenzierung, Erweiterung und öffentlicher Diskurs. *Nervenarzt, 967–973.*
Meier, I. (2017). *Komplexe und Dissoziationen: Weiterentwicklung von Theorie und Praxis der Analytischen Psychologie.* Frankfurt am Main: Brandes & Apsel.
Melbeck, H.-H. (2004). Trauma und Individuation. *Analytische Psychologie, 136* (2), 145–181.
Müller, A. & Müller, L. (2003). *Wörterbuch der Analytischen Psychologie.* Düsseldorf, Zürich: Walter/Patmos.
Müller, C. (1973). *Lexikon der Psychiatrie: Gesammelte Abhandlungen der gebräuchlichsten psychiatrischen Begriffe.* Berlin: Springer.
Müller, L. (2012). Ich weiß nicht, was ich bin, ich bin nicht, was ich weiß… Identität in Theorie und Praxis der Analytischen Psychologie C. G. Jungs. In H. G. Petzold (Hrsg.), *Identität,* (S. 271–293). Wiesbaden: VS Verlag für Sozialwissenschaften.
Neumann, E. (1963). *Das Kind. Struktur und Dynamik der werdenden Persönlichkeit.* Zürich: Rhein-Verlag. Abgerufen von www.opus-magnum.de/neumann.
O'Kane, F. (1993). Das dunkle Gesicht der Psyche. Gorgo. *Zeitschrift für archetypische Psychologie und bildhaftes Denken, 25,* 49–62.
Ogden, P., Minton, K. & Pain, C. (2010). *Trauma und Körper.* Paderborn: Junfermann.
Pattis Zoja, F. (2012). *Expressive Sandarbeit. Eine Methode psychologischer Intervention in Katastrophengebieten und extremen sozialen Notlagen.* Gießen: Psychosozial-Verlag.
Peichl, J. (2015). *Innere Kinder, Täter, Helfer & Co.: Ego-State-Therapie des traumatisierten Selbst* (Jubiläumsausgabe). Stuttgart: Klett-Cotta.
Prasad, S., Howie, P. & Kristel, J. (Hrsg.) (2013). *Using Art Therapy with Diverse Populations: Crossing Cultures and Abilities.* London: Jessica Kingsley Publisher.
Reddemann, L. (2011). *Psychodynamisch Imaginative Traumatherapie: PITT – das Manual: ein resilienzorientierter Ansatz in der Psychotraumatologie* (6., vollständig überarbeitete Auflage). Stuttgart: Klett-Cotta.
Richter, G. & Ulrich, G. (1996). *Der neue Mythologieführer. Götter – Helden – Heilige.* Weyarn: Seehamer Verlag.
Riedel, I. & Henzler, C. (1997). *Maltherapie: eine Einführung auf der Basis der Analytischen Psychologie von C.G. Jung* (2. Auflage). Stuttgart: Kreuz Verlag.
Riedel, I. & Henzler, C. (2008). *Malen in der Gruppe: Modelle für die therapeutische Arbeit mit Symbolen.* Stuttgart: Kreuz.
Roesler, C. (2010). *Analytische Psychologie heute: der aktuelle Stand der Forschung zur Psychologie C.G. Jungs.* Basel: S. Karger.
Schwab, G. (1991). *Die schönsten Sagen des Klassischen Altertums.* Berlin: Goldmann.
Seiffge-Krenke, I. (2009). *Psychotherapie und Entwicklungspsychologie* (2. Auflage). Heidelberg: Springer Medizin.
Shephard, B. (2014). *Headhunters: The search for a science of the mind.* London: The Bodley Head.

Sieff, D. F. (2015). *Understanding and healing emotional trauma: Conversations with pioneering clinicians and researchers*. Hove, East Sussex: Routledge.
Sieff, D. F. (2017). Trauma-worlds and the wisdom of Marion Woodman. *Psychological Perspectives, 60* (2), 170–185.
Stern, D. N. (2003). *Die Lebenserfahrung des Säuglings* (8. Auflage). Stuttgart: Klett-Cotta.
Stern, D. N. (2010). *Forms of vitality: Exploring dynamic experience in psychology, the arts, psychotherapy, and development*. Oxford: Oxford University Press.
Stumm, G. & Pritz, A. (2010). *Wörterbuch der Psychotherapie*. Berlin: Springer.
van der Hart, O., Nijenhuis, E. R. S. & Steele, K. (2008). *Das verfolgte Selbst: Strukturelle Dissoziation und die Behandlung chronischer Traumatisierung*. Paderborn: Junfermann.
van der Kolk, Bessel (2010). Vorwort. In P. Ogden, K. Minton, & C. Pain (Hrsg.), *Trauma und Körper* (S. 15–26). Paderborn: Junfermann.
van der Kolk, Bessel (2015). *The body keeps the score*. London: Penguin.
Watters, E. (2010). *Crazy like us: the globalization of the American psyche*. New York: Free Press.
West, M. (2018). *Into the darkest places: Early relational trauma and borderline states of mind*. London: Routledge.
Whitehouse, M. S., Adler, J., Chodorow, J. & Pallaro, P. (2000). *Authentic movement: A collection of essays* (2nd imprint). London: Kingsley.
Wilkinson, M. (2005). Undoing dissociation. Affective neuroscience: A contemporary jungian clinical perspective. *Journal of Analytical Psychology, 50* (4), 483–501.
Wilson, J. P. (2004). The abyss experience and the trauma complex: A jungian perspective of posttraumatic stress disorder and dissociation. *Journal of Trauma & Dissociation, 5* (3), 43–68.
Winnicott, D. W. (1987). *The child, the family, and the outside world*. Reading, MA: Addison-Wesley Pub. Co.
Winnicott, D. W. (1949). *The ordinary devoted mother and her baby*. Zugriff am 20.08.2019 unter www.oxfordclinicalpsych.com/page/608/the-ordinary-devoted-mother-and-her-baby.
Winnicott, D. W. (1973). *Vom Spiel zur Kreativität*. Stuttgart: Klett-Cotta.
Wirz, U. (2018). *Stirb und Werde: Die Wandlungskraft traumatischer Erfahrungen*. Ostfildern: Patmos.
Woodman, M. (1980). *The owl was a baker's daughter: Obesity, anorexia nervosa and the repressed feminine*. Toronto: Inner City books.
Woodman, M. (1982). *Addiction to perfection: The still unravished bride: A psychological study*. Toronto: Inner City Books.
Woodman, M. (1984). Psyche/soma awareness. *Quadrant, 17* (2), 25–37.
Woodman, M. (1985). *The pregnant virgin: A process of psychological transformation*. Toronto: Inner City Books.
Woodman, M. (1990). *The ravaged bridgeroom: Masculinity in women*. Toronto: Inner City Books.

Woodman, M. (1993). *Conscious femininity: Interviews with Marion Woodman.* Toronto: Inner City Books.

Woodman, M. (o. J.). *Marion Woodman Foundation.* Zugriff am 26.11.2017 unter https://mwoodmanfoundation.org/

Wurmer, L. (1998). *Die Maske der Scham: die Psychoanalyse von Schameffekten und Schamkonflikten* (3., erweiterte Auflage). Berlin: Springer.

Wyman-McGinty, W. (2003). Authentic movement and witnessing in clinical practice. In *Cambridge 2001. Proceedings of the Fiftheenth International Congress for Analytical Psychology* (S. 325–327). Einsiedler: Daimon.

Zurek, G., Barwinski, R. & Fischer, G. (2002). Übertragung und Gegenübertragung in der Psychotherapie psychotraumatischer Belastungssyndrome. *Psychotraumatologie, 3* (2) (31).

Stichwortverzeichnis

A

Abgrundserfahrung
– Abyss Experience 91–92
Aktive Imagination 69, 76, 96, 100–101, 103
Analytische Psychologie 9, 37, 82, 89, 96, 105, 132, 11
Archetyp 80, 92, 126
Authentic Movement 16, 101, 105, 109–110, 112

B

Bewegung 15, 27, 32, 105–107, 109, 116–117, 119

D

Dissoziation 13, 18, 38, 40, 43, 48, 84, 86, 95, 132

E

Embodiment 107, 112

G

Gegenübertragung 121

H

Hysterie 37

I

Individuation 83–84, 93, 112–113, 123, 126, 128

J

Jung 9–10, 15, 17, 33–34, 37, 43, 71, 79, 89, 109, 112, 114, 117, 123, 132

K

Komplex 15, 86
komplexe Traumatisierung 119
Körper 14, 17, 19, 24, 26, 29, 31, 36, 38, 96, 105, 107, 109, 116, 118–119, 123
Körpertherapie 109

M

Malen 17, 33–34

O

Objektbeziehungstheorie 18, 132

P

Posttraumatische Belastungsstörung 17, 21
Psychotraumatologie 18, 31–32, 37, 40

S

Sandspiel 104, 110
Sandspieltherapie 104
Scham 22, 30–31, 78, 82, 96, 110, 112–114
Selbst 22, 34, 39–40, 51, 71, 73, 82, 85–86, 89, 99, 106, 111, 115, 126
Spaltung 38
Symbolisierungsfähigkeit 17, 106, 116

T

Trauma-Archetyp 89, 91
Trauma-Komplex 86, 89, 91, 99
Traumdeutung 96

U

Übertragung 104

V

Verdrängung 40

W

Witnessing 109, 111